大学入試

宮下卓也の

ENGLISH GRAMMAR

英文法・語法問題

―― が面白いほど解ける本

KADOKAWA

河合塾講師 宮下卓也 著

はじめに

「英文法を学習したいんですが，何をやったらいいですか？」

日々予備校で授業をしていると，そんな質問・相談を受験生から受けることがよくあります。英文法は範囲も広く，一からやろうとしても途中で挫折してしまう人も少なくありません。また，問題集を繰り返し解いているにもかかわらず，なかなか成績が伸びない受験生もよく目にします。そのような悩みに答えを出したいという気持ちで書いたのがこの本です。

本書は，膨大な英文法の範囲を「思考パート」と「暗記パート」に分けることで，やるべきことを絞り込み，明確にしました。そもそも，英文法には仕組みを理解しておかなければならない部分と，ただ表現を暗記すれば足りる部分があります。そこを混同したまま勉強を進めてしまうと，やるべきことの膨大さに圧倒されてしまうでしょう。まずは「思考パート」で英文法の仕組みを理解することで，効率よく勉強を進めてください。

一方で，覚えなければならない知識もあります。「暗記パート」では，暗記すべき表現に，例文と暗記を補助する説明をできるだけ付するよう努めました。具体的な例文に触れながら実践的に覚えていくことで，効率よく知識を身につけることができます。英文法は英語全体を支える非常に重要なものです。本書を使うことで英文法の問題が解けるようになるだけでなく，英語力そのものも必ず上がるはずです。その結果，皆さんが志望校合格に一歩でも近づいてくれたら，筆者としてこれほどうれしいことはありません。

本書執筆の機会をくださり，常に一緒に考えてくださったKADOKAWAの皆さん。的確なアドバイスや丁寧な編集作業をしてくださった城戸千奈津さん。英文校閲をしてくださったキャサリン・A・クラフト先生。日頃からさまざまな疑問や相談を持ってきてくれる生徒の皆さん。いつも支えてくれる家族。皆さんのおかげで，この本を世に出すことができました。ありがとうございます。

宮下卓也

目　次

THEME 1　時　制

THEME 2　受動態

THEME 3　助動詞

THEME 4　仮定法

THEME 5　動名詞と不定詞

THEME 6　分　詞

THEME 7　関係詞

THEME 8　比　較

THEME 9　代名詞・名詞・冠詞

THEME 10　接続詞・前置詞

THEME 11　その他の重要文法事項

本書の特長と使い方

思考パート

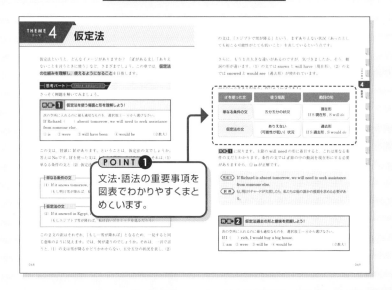

THEME 4 仮定法

仮定法というと、どんなイメージがありますか？「ifがある文」「ありえないことを言うときに使う」など、さまざまでしょう。この章では、**仮定法の仕組みを理解し、使えるようになること**を目標にします。

思考パート

さっそく例題を解いてみましょう。

例題 1 仮定法を使う場面と形を理解しよう！

次の空所に入れるのに最も適切なものを、選択肢①〜④から選びなさい。
If Richard ( ) absent tomorrow, we will need to seek assistance from someone else.
① is ② were ③ will have been ④ will be 〔O教大〕

この文は、冒頭にIfがあります。ということは、仮定法の文でしょうか。

POINT 1
文法・語法の重要事項を
図表でわかりやすくまと
めくいます。

ifを使った文	使う場面	動詞の形
単なる条件の文	五分五分の状況	現在形 If S 現在形, S will do
仮定法の文	ありえない (可能性が低い) 状況	過去形 If S 過去形, S would do

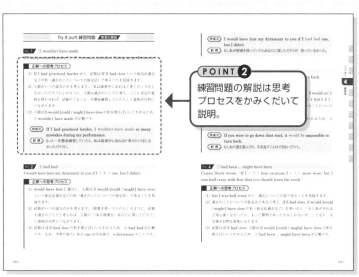

Try it out! 練習問題

POINT 2
練習問題の解説は思考
プロセスをかみくだいて
説明。

暗記パート

暗記パートでは、時制の重要な知識事項を一気に学びます。

例題→ 次の空所に入れるのに最も適切なものを選択肢①～④から選びなさい。

It has been five years ( ) the last time I saw Maria.
① during ② for
③ since ④ while
(芝浦工業大)

これは見た瞬間に③ since が正解だと判断したい問題です。なぜなら、It has been ... years since ～「～から…年だ」は「時の it」を利用した決まり文句だからです。

例文 It has been five years since the last time I saw Maria.
訳例 最後にマリアに会ってから5年が経った。

次のように、別の表現で同じ意味を表すこともできます。

例 It has been [is] five years since the last time I saw Maria. ≒
Five years have passed since the last time I saw Maria.

同じ意味を表す表現は他にもあります。このような「言い換え」は大学入試でもよく問われるので、順番の表現を例文で確認しておきましょう。

例 It has been [is] two years since my grandmother died. ≒
Two years have passed since my grandmother died. ≒
My grandmother has been dead for two years.
（私の祖母が亡くなってから2年が経った）
＊祖母が「2年間死んでいる状態（dead）」だと考えます。

029

POINT 3
暗記事項も例題をもとに解き方・覚え方をしっかり解説。

POINT 4
暗記事項は見やすくすっきりまとめました。

暗記パート

暗記パートでは、仮定法の重要な知識事項を一気に学びます。

それでは、さっそく例題を解いてみましょう。

例題→ 次の空所に入れるのに最も適切なものを選択肢①～④から選びなさい。

( ) your help, I would not have made it.
① It were not for ② Were it not for
③ For it were not ④ Not it were for
(青山学院大)

この問題の正解は、② Were it not for です。それは、「これしか正しい形がないから」です。were it not for A「Aがなければ」という慣用表現を知っているかどうかを訊いている。ただの知識問題で、思考は不要です。このような問題ばかりを使って英文法を学習していると、時間ばかりかかって効率が悪く、誤りの選択肢を何度も目にすることになり、正しい形がわからなくなって、かえって混乱してしまいます。どのような問題がただの知識問題と言えるのかを説明するために取り上げていますが、誤りの形を記憶してしまわないよう、正解以外の選択肢はなるべく見ないようにしましょう。

例文 Were it not for your help, I would not have made it.
訳例 あなたの助けがなければ、私は成功しなかっただろう。

このように、英文法・語法の問題の中には、ただ正しい形を覚えるかどうか（＝知識事項）を問う問題も多く出題されます。知識事項は、表とを用いて一気に覚えてしまうことで、効率よく身につけることができます。

それでは、仮定法の知識事項をまとめた表を確認しましょう。重要な慣用表現を自然な例文とともにチェックしながら、一気に知識の整理をします。

086

た、それぞれの表現で、参考パートで学習した仮定法の形が使われていることを確認しましょう。

【仮定法の重要慣用表現】

表現	意味	例文
as if S 過去形	まるでSが～する［で...］かのように	He talked confidently as if he knew everything. (彼は何でも知っているかのように自信あり気に話した)
as if S had done	まるでSが～したかのように［であったかのように］	He was wet to the skin as if he had been caught in a shower. (彼はにわか雨に降られたかのようにずぶぬれになった)
I'd rather (that) S 仮定法過去	Sが～ならなくすればなあ［現在・未来のことについての願望］	I'd rather my father stopped drinking too much alcohol. (私の父にお酒を飲みすぎるのをやめてくれたらなあ)
I'd rather (that) S 仮定法過去完了	Sが～していればなあ［過去のことについての願望］	I'd rather I had prepared more for the test. (もっと試験の準備をしていたらなあ)
If it had not been / Had it not been	～がなければ／～がなかったら［過去のことについて］	If it had not been for her advice, I would have failed. ≒ Had it not been for her advice, I would have failed. (もし彼女の助言がなかったら、私は失敗していただろう) If it had not been for the fog, we could have seen the beautiful lake. ≒ Had it not been for the fog, we could h... (濃霧がなければ、私たちは美しい湖を見ることができただろう)

087

POINT 5
例文は音声付きで耳から理解が進む。

音声ダウンロードについて

○ TRACKマークが付いている部分には対応した音声を用意しています。

○ 音声ファイルは以下からダウンロードして聞くことができます。

https://www.kadokawa.co.jp/product/322108000183

ユーザー名 bunpou

パスワード gohou-27

○ 上記ウェブサイトにはパソコンからアクセスしてください。音声ファイルは携帯電話、スマートフォン、タブレット端末などからはダウンロードできないので、ご注意ください。

○ スマートフォンに対応した再生方法もご用意しています。詳細は上記URLへアクセスの上、ご確認ください。

○ 音声ファイルはMP3形式です。パソコンに保存して、パソコンで再生するか、携帯音楽プレーヤーに取り込んでご使用ください。また、再生方法などについては、各メーカーのオフィシャルサイトなどをご参照ください。

○ このサービスは、予告なく終了する場合があります。あらかじめご留意ください。

THEME
テーマ

1

時　制

時制

「私は歩いています」という表現を聞いたとき，どんなイメージが頭の中に浮かびますか？ 「今まさに歩いている人」でしょうか？ それとも，「習慣として歩いている人」でしょうか？ 「これまで継続して，長い時間歩いている」なんて場面も考えられます。「歩いている」という日本語にはざっと見ただけでも大きく3つの意味があり，これだけではどの意味なのかわかりません。しかし英語では，動詞の形を変えることで，3つの意味をはっきり区別します。時制をマスターするためには，**日本語の意味にとらわれず，「どのような場面でどのような形を使うのか」を押さえる**ことが何より大切です。

---| 思考パート |--- Think about it!

さっそく例題を解いてみましょう。

例題▶1 現在形や過去形はどのような場面で使う？

次の空所に入れるのに最も適切なものを，選択肢①〜④から選びなさい。
I usually (　　) home at around eight o'clock.
① leave　② am leaving　③ will be leaving　④ had left　　（法政大）

この文のポイントは，usually「ふつうは，いつもは」です。「私はいつも8時ごろ，家を出発している（する）」という意味になりそうですが，この「出発している」という日本語に惑わされて，② am leaving（現在進行形）を選ぶと誤りです。「いつもやっていること」を表すには，現在形を使います。① leave が正解です。

> 完成文 I usually leave home at around eight o'clock.
> 訳例 私はいつも8時ごろに家を出る。

現在形で「いつもやっていること」を表す場合は，本問の usually のような「頻度を表す副詞」があることがほとんどです。問題を解くときには，このような副詞に着目しましょう。

> 「いつもやっていること」を表す現在形とともに使う，頻度を表す副詞
>
> ▶ always「いつも」 ▶ every day「毎日」 ▶ often「よく，頻繁に」
> ▶ once a month「1か月に1回」 ▶ on Wednesdays「水曜日に」
> ▶ seldom「めったに…ない」 ▶ sometimes「時々」

このように，現在形では「いつもやっていること」を表すことができます。しかし，それだけではありません。現在形は，他にもいろいろな場面を表すことができる便利な表現なのです。よく使う例を見ておきましょう。

例1 「常に成り立つこと」を表す

The earth goes around the sun.（地球は太陽の周りを回っている）

例2 「現在の状態」を表す

She belongs to the tennis club.（彼女はテニス部に所属している）

例3 「確定した未来の予定」を表す

The World Cup begins in a month.（ワールドカップは1か月後に始まる）

例1 の「常に成り立つこと」は，「いつもやっていること」と似ていますね。**例2** の「現在の状態」は，「現在」形という言葉の通りです。また，現在形は未来のことを表すのに使う場合もあります。**例3** のように，変更する可能性のない予定や，電車やバスなどの発着時刻は，未来のことでも現在形を使って表すことがよくあります。

「過去形を使う場面」を押さえよう

ここまでは現在形を使う場面について詳しく見てきました。では，過去形はどのような場面で使うのでしょうか。

答えはいたってシンプル。**「過去のことを表す場面」** で使います。ただし注意したいのは，過去といっても1回だけやったことを表す場合もあれば，何度も何度も習慣として行っていたことを表す場合もあるということです。また，現在形で「現在の状態」を表したのと同じように，「過去の状態」を表すこともあります。例文で確認しておきましょう。

例1 「1回だけやったこと」を表す

He <u>visited</u> his grandmother's house yesterday.

（昨日彼は祖母の家を訪れた）

例2 「いつもやっていたこと」を表す

The man often <u>went</u> to the supermarket to buy sweets.

（その男性はスイーツを買いにそのスーパーマーケットへよく行った）

例3 「過去の状態」を表す

She <u>felt</u> comfortable in a warm room.

（彼女は暖かい部屋で快適に感じた）

過去形は過去のことを表しますが，このように**表せる過去の種類はさまざま**だということを覚えておきましょう。

例題▶2 進行形はいつ使う？

次の空所に入れるのに最も適切なものを，選択肢①〜④から選びなさい。

Jenny's smartphone crashed while she （　　） a phone call.

① had made　② made　③ was making　④ has made　　　　（南山大）

空欄以外の部分から，「ジェニーのスマートフォンが故障した」ことはわかります。しかし問題を解くためには，具体的に「どのような場面で故障したのか」を考える必要があります。そこで，ポイントとなるのが while「…間に」です。ここから，「電話をしている間に故障した」ことがわかります。

「（誰かが）何かをしていた」という，過去に進行中の動作を表すには，過去進行形（be動詞の過去形＋ *doing* の形）を使います。③ was making が正解です。

完成文 Jenny's smartphone crashed while she was making a phone call.

訳例 ジェニーのスマートフォンは彼女が電話をしている間に故障した。

3つの進行形を押さえよう

進行形は《be 動詞 + *doing* の形》で表します。過去・現在・未来の「時」に対応して, 過去進行形, 現在進行形, 未来進行形という 3 つの形があります。

	形	主な意味
過去進行形	was [were] *doing*	…していた
現在進行形	is [am / are] *doing*	…している
未来進行形	will be *doing*	…しているだろう

例1 The man <u>was talking</u> on the phone when the earthquake struck.

(地震が起こったとき, その男性は電話で話していた)

例2 The woman <u>is driving</u> my car now.

(現在, その女性は私の車を運転している)

* 現在進行形では**「現在進行中の動作」**を表すことができます。

例3 The train <u>will be passing</u> through Shizuoka at this time tomorrow.

(明日の今ごろ, その電車は静岡を通過しているだろう)

*「このままいくと, …しているだろう」という場面で使う表現です。

進行形の注意すべき2つの意味

これまでに確認した場面以外にも, 進行形はさまざまな場面で使われます。典型的な例を確認しておきましょう。

例1 The train <u>is</u> soon <u>arriving</u> at Tokyo Station.

(その電車はまもなく東京駅に到着する)

* **「近い将来の予定」**を表すことができます。

例2 The train <u>is stopping</u>. (その電車は止まりかけている)

* stop「止まる」のように一回限りで動作が終わる動詞の進行形は,「…しつつある」「…しかかっている」と **「起こりつつある（変化の途中である）」** ことを表すことができます。他にも begin「始まる」や die「死ぬ」などを進行形にしたときは, 同じような意味になります。

次の空所に入れるのに最も適切なものを，選択肢①〜④から選びなさい。

Lemons（　　）more sugar than strawberries.

① contain　　　　　　② are containing

③ are contained　　　④ are being contained　　　　　（芝浦工業大）

「含んでいる」という日本語から考え，「…している」という意味になる現在進行形を選んでしまった人もいるかもしれません。しかし，それは誤りです。contain「含んでいる」は**原則として進行形《be 動詞＋ *doing* の形》にできない動詞**だからです。このような動詞を**「状態動詞」**と呼びます。状態動詞は現在形で「現在の状態」を表すことができるため，① contain が正解です。

〔完成文〕Lemons contain more sugar than strawberries.

〔訳 例〕レモンはイチゴよりも多くの糖分を含んでいる。

ここで，言葉の意味を確認しておきましょう。

・状態動詞：ある状態が継続していることを表す動詞。

・動作動詞：しようと思えば自分の意志でできる行為を表す動詞。

注意すべき状態動詞

知っておくべき主な状態動詞は次の通りです。基本的に「…している」という意味を持っている動詞だと思っておけば，まずは OK です。

注意すべき状態動詞

▶ be「である」 ▶ belong「属している」 ▶ consist「成り立っている」

▶ contain「含んでいる」 ▶ have「持っている」 ▶ know「知っている」

▶ like「気に入っている」 ▶ love「大好きである」

▶ own「所有している」 ▶ possess「所有している」

▶ resemble「似ている」 ▶ want「欲しがっている」

例·題▶ 4 完了形はどのような場面で使う？

次の空所に入れるのに最も適切なものを，選択肢①〜④から選びなさい。

I （　　） on this project since 1998.

① am working　② have worked　③ will have worked　④ work

（立命館大　改）

選択肢に目を通すと，この文は「1998年以降このプロジェクトに取り組んでいる」という意味になりそうです。しかし，「取り組んでいる」という日本語に惑わされて① am working（現在進行形）を選んでしまうと誤りです。since 1998「1998年以降（現在まで）」という表現がある本問は，現在を基準に過去を振り返っている場面です。このような場面では現在完了形（have [has] *done*）を使うため，② have worked が正解です。

他の選択肢が誤りである理由も押さえておきましょう。③ will have worked は，will have *done*「（未来の時点で）…しているだろう」という表現であり，未来の時点を表す表現が含まれていない本問では誤りです。④ work は現在形であり，過去・現在・未来という幅のある「いつもやっていること」を表すこともできますが，since 1998「1998年以降（現在まで）」という表現と合わないため，誤りです。

〈完成文〉 I have worked on this project since 1998.

〈訳例〉 私は1998年からこのプロジェクトに取り組んでいる。

･･･････････
完了形は基準点から過去を振り返る ･･･････ ━━━━
･･･････････

完了形を使う場面について，整理しておきましょう。完了形には大きく分けて次の3種類があります。それぞれの形と使われる場面について，表と例文を使って理解を深めましょう。

	形	使われる場面
過去完了形	had *done*	過去のある時点を基準に過去を振り返る場面
現在完了形	have [has] *done*	現在のある時点を基準に過去を振り返る場面
未来完了形	will have *done*	未来のある時点を基準に過去を振り返る場面

例1 過去完了形

He had lived in Detroit for 12 years when he moved to Tokyo.

（東京に引っ越したとき，彼は 12 年間デトロイトに住んでいた）

＊過去（東京に引っ越したとき）が基準。引っ越したときまでデトロイトに
　12 年間住んでいた。

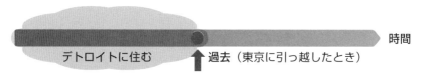

デトロイトに住む　↑過去（東京に引っ越したとき）　時間

例2 現在完了形

The couple has lived in Hawaii for 3 years.

（ふたりは 3 年間ハワイに住んでいる）

＊現在が基準。現在の時点でハワイに住んで 3 年になる。

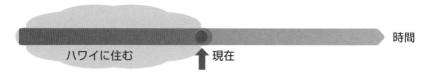

ハワイに住む　↑現在　時間

例3 未来完了形

She will have lived in Mexico for 5 years by the end of next month.

（来月の終わりには，彼女は 5 年間メキシコに住んでいることになるだろう）

＊未来（来月の終わり）が基準。来月末の時点でメキシコに住んで 5 年になる。

メキシコに住む　未来（来月の終わり）　時間

これらはそれぞれ，過去・現在・未来のある時点を基準にして過去（基準とした時点より前）を振り返っています。別の言い方をすると，過去・現在・未来と常に関わっている表現です。

ここで完了形の持つ意味を確認しておきましょう。**完了形は大きく【継続】・【経験】・【完了（結果）】の３つに分類できます**。「完了形」と名のつくものはすべて，このいずれかの意味を表せます。ちなみに，先ほど図示した例はすべて【継続】の意味です。図を見ながら，再度確認してみましょう。

> **例1** 東京に引っ越したとき（過去の時点）まで，12年間デトロイトに【継続】して住んでいた。
> **例2** 現在の時点まで，３年間ハワイに【継続】して住んでいる。
> **例3** 来月の終わり（未来の時点）までで，５年間メキシコに【継続】して住んでいることになる。

それでは，次の例文はどのような意味になるでしょうか。

> **例** The woman had seen a panda three times when she visited the zoo yesterday.

この文では，過去の時点（動物園を訪れたとき）を基準に過去を振り返っているため，過去完了形(had *done*)が使われています。過去から過去の間に「パンダを３回見たことがある」という【経験】を表していますから，「昨日動物園を訪れた時点では，その女性はパンダを３回見たことがあった」という意味になります。

昨日までの過去全体

３回パンダを見た　過去（昨日動物園を訪れたとき）　時間

完了形の意味の見抜き方

このとき，なぜ【経験】の意味だと見抜くことができるのでしょうか。それは，three times「3回」という経験の意味の文でよく使われる表現があるからです。完了形の意味【継続】・【経験】・【完了（結果）】は，文に含まれる表現によって判断できることが多いため，判断材料となる表現を頭に入れておくと便利です。それぞれの意味でともに使われることの多い表現を確認しておきましょう。

完了形の意味	ともに使われる表現
【継続】	▶for ...「…の間」　▶since ...「…以来」
【経験】	▶... times「…回」　▶never「一度も…ない」
【完了（結果）】	▶already「すでに」　▶just「ちょうど」 ▶yet「もう，まだ」

＊yet「もう，まだ」は，疑問文・否定文で用いられます。

過去完了形（had *done*）のもう1つの意味

過去完了形は過去のある時点を基準に過去を振り返る表現ですが，実はもう1つ意味があります。それは「大過去」と呼ばれる使い方です。次の例文を見てください。

> 例 She noticed that she had left the window open.
> （彼女は窓を開けっぱなしにしたことに気づいた）

この文では，「気づいた」ときよりも前に「窓を開けっぱなしにした」という行為をしたことを表すために，過去完了形を使っています。ただ単にある過去よりも前の時点に起こったことを表す使い方です。

時間

↑**大過去**（窓を開けっぱなしにした）↑**過去**（そのことに気づいた）

つまり過去完了形（had *done*）は，次の2つを表すことができるのです。

(1) **過去から過去の間に起こったこと【継続】・【経験】・【完了（結果）】**

(2) **過去よりも前の時点（大過去）に起こったこと**

例題▶5 現在完了形とともに使うことができない表現

次の空所に入れるのに最も適切なものを，選択肢①～④から選びなさい。
At the conference last year, we（　　）the power of sports.

① discussed　　　② discussed about

③ have discussed　　　④ have discussed about 　　　（立命館大　改）

選択肢に目を通すと，この文は「昨年の会議で私たちはスポーツの力について議論した」という意味になりそうです。しかし，「議論した」という日本語から現在完了形の【完了（結果）】を使う場面だと考えて，③ have discussed や④ have discussed about を選んでしまうと誤りです。なぜ誤りなのでしょうか。それは，last year「昨年」という**過去を明示する表現があるから**です。

例題▶4 で学習したように，現在完了形はあくまで「現在」を基準に考え，現在との関係で過去から現在までに起こったことについて述べる表現です。したがって，明らかに過去のことだけを表している語句とともには用いることができないのです。このような場合は，過去形を使うのが正しい形ですから，① discussed が正解です。なお，② discussed about は，discuss about A という形がないため，誤りです。この問題は，discuss O「Oについて議論する」という discuss の語法の知識も必要なことに注意しましょう。

完成文 At the conference last year, we discussed the power of sports.

訳例 昨年の会議で，私たちはスポーツの力について議論した。

現在完了形は「過去を明示する表現」とともに用いることができない点に注意が必要です。代表的な過去を明示する表現を確認しておきましょう。

▶ just now「たった今」 ▶ last night「昨夜」 ▶ last year「昨年」

▶ three years ago「3年前」 ▶ When ...?「いつ…?」

▶ when she was 15「彼女が15歳のとき」 ▶ yesterday「昨日」

それではもう1問，問題を解いてみましょう。

例題▶ 6 現在完了進行形（have been *doing*）の用法

次の空所に入れるのに最も適切なものを，選択肢①〜④から選びなさい。

The number of traffic accidents (　　　) increasing since last November.

① are ② was ③ has been ④ have been （フェリス女学院大）

この問題は since last November「昨年の11月から（今まで）」という表現から，過去から現在までの【継続】を表していることがわかります。主語は <u>The number</u> of traffic accidents（3人称単数）ですから，3単現の s のついた現在完了形の③ has been が正解です。

完成文 The number of traffic accidents has been increasing since last November.

訳例 交通事故の数が，昨年の11月から増えている。

正解の has been increasing は，現在完了形の has *done* という形ではなく，has been *doing* という形をしています。これは進行形《be 動詞 + *doing* の形》が含まれた現在完了形であり，現在完了進行形と呼ばれます。

現在完了進行形は，動作動詞の【継続】の意味を表すときに用います。過去完了進行形（had been *doing*），未来完了進行形（will have been *doing*）の形もあるため，**「動作動詞の【継続】を表すときは，完了進行形を使う」**と覚えておきましょう。

ここで1つ疑問があります。なぜ,「動作動詞の【継続】」というように,動作動詞に限って完了進行形を使うのでしょうか。それは,状態動詞は進行形にすることが原則としてできないからです（**例題▶3** 参照）。

例題▶7 時・条件の副詞のカタマリは未来の内容でも will を使わない

次の空所に入れるのに最も適切なものを,選択肢①〜④から選びなさい。
Until the school (　　) the bicycle parking problem, we will have to walk to campus.
① solve　② solves　③ solving　④ will solve　　　　　　（神奈川大）

この問題は,will have to walk の will に着目すると,未来のことを述べているとわかります。そこで,Until のカタマリの中の動詞も will を使って④ will solve としたくなるのですが,それは誤りです。時制の超重要ルールを確認しておきましょう。

時・条件の意味の副詞のカタマリの中の動詞は,未来のことでも will を使わない（現在形か現在完了形を使う）。

Until ... は「…まで」という「時」の意味の副詞のカタマリですから,② solves が正解です。

> **完成文** Until the school solves the bicycle parking problem, we will have to walk to campus.
> **訳例** 学校が駐輪場の問題を解決するまで,私たちはキャンパスに歩いていかなければならない。

このルールには,3つの大事なポイントがあります。1つ目のポイントは「時・条件の意味」という部分です。なぜなら,このルールがあてはまるのは副詞のカタマリが「時・条件の意味」の場合だけだからです。まずは,「時・条件の意味」の副詞のカタマリを導く接続詞を押さえましょう。

> ▶ after S V「S が V した後」 ▶ as soon as S V「S が V するとすぐに」
> ▶ before S V「S が V する前に」 ▶ by the time S V「S が V するまでに」
> ▶ if S V 「もし S が V すれば」 ▶ once S V 「いったん S が V すると」
> ▶ the next time S V「次に S が V するときに」
> ▶ until [till] S V「S が V するまで」 ▶ when S V「S が V するときに」

2つ目のポイントは「副詞のカタマリ」という部分です。「名詞のカタマリ」などのときにはこのルールはあてはまりません。次の例文を見てください。

> **例** I want to ask him if he <u>will come</u> to the meeting tomorrow.
> （私は彼が明日会議に来るかどうか尋ねたい）

この文では，if のカタマリは ask の目的語になっています。副詞のカタマリではなく名詞のカタマリで，「…かどうか」という意味です。この場合，先ほどのルールはあてはまりません。未来のことですから，カタマリの中の動詞は will を使います。

それでは，次の例文はどうでしょうか。

> **例** I will be happy if he <u>comes</u> to the meeting tomorrow.
> （私は彼が明日会議に来てくれたらうれしい）

この文では，if のカタマリは副詞のカタマリです。「もし…ならば（条件）」の意味で，先ほどのルールがあてはまるため，カタマリの中の動詞は未来のことでも will を使わずに現在形を使います。

3つ目のポイントは「現在形だけでなく現在完了形も使うことがある」ということです。次の例文で確認しましょう。

> **例** When I <u>have finished</u> my homework, I'll go out with my friends.
> （宿題が終わったら，友達と出かけるだろう）

注意が必要なのは if と when だけ

時・条件の意味の副詞のカタマリの中の動詞は，未来のことでも **will を使わない(現在形か現在完了形を使う)** というルールは複雑に見えます。しかし，実際に注意が必要な場面は if と when だけです。なぜなら，if と when の2つは副詞以外のカタマリも作れるのに対し，他の時・条件の意味のカタマリはすべて副詞のカタマリだからです。表で確認しておきましょう。

	カタマリ全体の品詞	意味
if	副詞	もし…ならば
	名詞	…かどうか
when	副詞	…ときに
	名詞	いつ…か

○ 時制の重要ポイント ○

❶日本語の表現に惑わされず，どのような場面でどの形を使うかを考える

❷進行形の形《be 動詞 + *doing* の形》を押さえる

❸状態動詞は原則として進行形《be 動詞 + *doing* の形》にしない

❹完了形は基準となる時点を意識する

❺過去のことを明示する表現と現在完了形はともに用いない

❻動作動詞の【継続】を表すときは，完了進行形を使う

❼時・条件の意味の副詞のカタマリの中の動詞は未来のことでも will を使わない（現在形か現在完了形を使う）

次の空所に入れるのに最も適切なものを，選択肢①〜④から選びなさい。

No. **1** LEVEL ★★☆　　　　　　　　CHECK ☐☐☐☐

I haven't seen Lucy for years, so I'm worried I (　　) her when I pick her up at the airport.

① don't recognize

② didn't recognize

③ haven't recognized

④ won't recognize　　　　　　　　（南山大）

No. **2** LEVEL ★★☆　　　　　　　　CHECK ☐☐☐☐

Please don't forget to return the book you checked out once you (　　) reading it.

① are finishing

② have finished

③ will finish

④ will have finished　　　　　　　（明治大）

No. **3** LEVEL ★★★　　　　　　　　CHECK ☐☐☐☐

By the time you arrive, I (　　) the movie for almost two hours.

① had watched

② have watched

③ will have been watching

④ will watch　　　　　　　　　　　（立命館大）

No. **4** LEVEL ★★☆　　　　　　　　CHECK ☐☐☐☐

I don't know if it (　　) much tomorrow.

① is raining

② rains

③ will be rain

④ will rain　　　　　　　　　　　（立命館大）

No. **5** LEVEL ★☆☆　　　　　　　　CHECK ☐☐☐☐

As soon as the children (　　) towards it, the cat ran away.

① glance

② glanced

③ glancing

④ have glanced　　　　　　　　　（立命館大）

No.6 LEVEL ★★☆　　　CHECK ☐☐☐☐

My sister （　　） English conversation every day in order to communicate fluently when she visits Hawaii next year.

① practicing
② has been practicing
③ was practiced
④ had been practiced　　　（駒澤大）

No.7 LEVEL ★★☆　　　CHECK ☐☐☐☐

My poor dog （　　） for two days when I finally found her.

① is missing
② being missed
③ having been missed
④ had been missing　　　（神奈川大）

No.8 LEVEL ★☆☆　　　CHECK ☐☐☐☐

When I was in high school, I （　　） to the badminton club.

① have belonged
② belonged
③ was belonging
④ belong　　　（南山大）

Try it out! 練習問題　解答と解説

No.1　④ won't recognize

I haven't seen Lucy for years, so I'm worried I (④) her when I pick her up at the airport.

正解への思考プロセス

(1) 現在完了形を用いた I haven't seen Lucy for years「何年もルーシーに会っていない」から，ルーシーに会っていないのは過去から現在までの話であることをつかみます。

(2) so 以降の when I pick her up at the airport「空港に彼女を迎えに行くときに」から，空港に行くのは未来の話であることがわかります。

(3) これらから，「（過去から現在まで）何年もルーシーに会っていないので，（これから）空港に彼女を迎えに行くときに，彼女だとわからないだろう」という意味を読み取ります。「彼女だとわからない」のは未来のことですから，will の否定の形 won't を用いた④ won't recognize が正解です。

> **完成文** I haven't seen Lucy for years, so I'm worried I won't recognize her when I pick her up at the airport.
> **訳例** 私は何年もルーシーに会っていないので，空港に彼女を迎えに行ったとき，彼女だとわからないのではないかと心配している。

No.2　② have finished

Please don't forget to return the book you checked out once you (②) reading it.

正解への思考プロセス

(1) Please don't forget to return the book you checked out「借りた本を返すのを忘れないでください」から，本を返すのは未来の話であることをつかみます。

(2) once の後ろに S V の形が続くことから，ここでの once は「いったん…すると」の意味で，時・条件の意味を表す副詞のカタマリを導く接続詞であることがわかります。

(3) 「時・条件の意味の副詞のカタマリの中の動詞は未来のことでも will を使わ

ない（現在形か現在完了形を使う）」というルールから，現在完了形を用いた② have finished が正解です。

*① are finishing は現在（進行）形ですが，意味が成り立たない不自然な文となるため，誤りです。

> **完成文** Please don't forget to return the book you checked out once you have finished reading it.
> **訳例** 借りた本を読み終えたら，忘れずに返却してください。

No.3 ③ will have been watching

By the time you arrive, I (③) the movie for almost two hours.

正解への思考プロセス

(1) By the time you arrive は「あなたが到着するまでに」という意味で，未来のことを表します。ここから，I 以降の部分（主節）も未来の話であることをつかみます。

(2) for almost two hours「およそ2時間の間」という表現から，「私はおよそ2時間にわたって映画を見ていることになるだろう」という，「未来のある時点を基準に過去を振り返る場面」であることがわかります。

(3)「およそ2時間にわたって映画を見ている」というのは動作の【継続】であるため，未来のある時点までの動作の【継続】を表す未来完了進行形を用いた③ will have been watching が正解です。

> **完成文** By the time you arrive, I will have been watching the movie for almost two hours.
> **訳例** あなたが到着するまでに，私はおよそ2時間にわたって映画を見ていることになるだろう。

No.4 ④ will rain

I don't know if it (④) much tomorrow.

正解への思考プロセス

(1) if のカタマリの中にある tomorrow「明日」から，未来の話であることをつかみます。

(2) if のカタマリ全体が know の目的語になっているため，カタマリ全体の品詞は名詞であり，「…かどうか」という意味であることがわかります。

(3) 時・条件の意味の副詞のカタマリではないことから，「時・条件の意味の副詞のカタマリの中の動詞は，未来のことでも will を使わない（現在形か現在完了形を使う）」というルールはあてはまりません。will を用いたものを選びます。④ will rain が正解です。

＊③ will be rain は be rain という表現がないため，誤りです。

> 完成文　I don't know if it will rain much tomorrow.
> 訳 例　明日，雨がたくさん降るかどうかは私にはわからない。

No. 5 ② glanced

As soon as the children （ ② ） towards it, the cat ran away.

正解への思考プロセス

(1) the cat ran away「そのネコは走り去った」から，ネコが走り去ったのは過去の話であることをつかみます。

(2) as soon as S V のカタマリも過去のことだとわかるため，過去形を用いた ② glanced が正解です。

＊ as soon as S V は時・条件の意味の副詞のカタマリですが，そもそも本問は過去の話であり，未来の話ではありません。現在形に飛びつかないように注意しましょう。

> 完成文　As soon as the children glanced towards it, the cat ran away.
> 訳 例　子どもたちがちらっと見るとすぐに，そのネコは走り去った。

No. 6 ② has been practicing

My sister （ ② ） English conversation every day in order to communicate fluently when she visits Hawaii next year.

正解への思考プロセス

(1) every day「毎日」と in order to communicate fluently when she visits Hawaii next year「来年ハワイを訪れるときに流ちょうにコミュニケーショ

ンがとれるよう」から，姉［妹］が英会話の練習をしているのは現在のこと
であり，それは来年ハワイを訪れるときに備えてのものであることをつかみ
ます。

(2) 選択肢に「いつもやっていること」を表すことのできる現在形がないことか
ら，これまで毎日英会話の練習をしていると考えて，過去から現在までの
動作の【継続】を表す現在完了進行形を選べばよいとわかります。② has
been practicing が正解です。

> **完成文** My sister has been practicing English conversation every
> day in order to communicate fluently when she visits
> Hawaii next year.
> **訳例** 私の姉［妹］は，来年ハワイを訪れるときに流ちょうにコミュニケーションが
> とれるよう，毎日英会話の練習をしている。

No.7 ④ had been missing

My poor dog（ ④ ）for two days when I finally found her.

正解への思考プロセス

(1) when I finally found her「私がとうとう彼女を見つけたときに」から，
犬を見つけたのは過去の話であることをつかみます。

(2) for two days「2日間」から，「見つけたときには，すでに2日間，行方不
明の状態が続いていた」という状況を読み取ります。

(3)「過去のある時点を基準に過去を振り返る場面」であることがわかるため，
過去完了形を用いた④ had been missing が正解です。

＊ missing は「いない，見当たらない」という意味の形容詞です。

> **完成文** My poor dog had been missing for two days when I finally
> found her.
> **訳例** 私のかわいそうな犬は2日間行方不明になり，ついに私が見つけた（私
> がついに見つけたとき，私のかわいそうな犬は2日間行方不明だった）。

No.8 ② belonged

When I was in high school, I (②) to the badminton club.

正解への思考プロセス

(1) When I was in high school「高校生のころ」という「過去を明示する表現」から，過去の話であることをつかみます。

(2) 過去の話であるため，過去形を用いた② belonged が正解です。

＊ belong は「所属している」という意味の状態動詞です。状態動詞は原則として進行形《be 動詞 + *doing* の形》にできないため，③ was belonging は誤りです。また，現在完了形は過去を明示する表現とともに用いることができないため，① have belonged は誤りです。

> **完成文** When I was in high school, I belonged to the badminton club.

> **訳例** 高校生のころ，私はバドミントン部に所属していた。

―|暗記パート|―（Memorize it!）

暗記パートでは，時制の重要な知識事項を一気に学びます。

それでは，さっそく例題を解いてみましょう。

┌─────────────────────────────────────┐
例題▶ 次の空所に入れるのに最も適切なものを，
選択肢①〜④から選びなさい。

It has been five years （　　） the last time I saw Maria.
① during　　　　　　② for
③ since　　　　　　④ while　　　　　　　　　（芝浦工業大）
└─────────────────────────────────────┘

これは見た瞬間に③ since が正解だと判断したい問題です。なぜなら，It has been ... years since 〜「〜から…年だ」は「時の it」を利用した決まり文句だからです。

完成文 It has been five years since the last time I saw Maria.

訳例 最後にマリアに会ってから5年が経った。

次のように，別の表現で同じ意味を表すこともできます。

┌─────────────────────────────────────┐
例 It has been [is] five years since the last time I saw Maria. ≒

Five years have passed since the last time I saw Maria.
└─────────────────────────────────────┘

同じ意味を表す表現は他にもあります。このような「言い換え」は大学入試でもよく問われるため，頻出の表現を例文で確認しておきましょう。

┌─────────────────────────────────────┐
例 It has been [is] two years since my grandmother died. ≒

Two years have passed since my grandmother died. ≒

My grandmother has been dead for two years.

（私の祖母が亡くなってから2年が経った）

＊祖母が「2年間死んでいる状態（dead）」だと考えます。
└─────────────────────────────────────┘

例 It <u>has been [is]</u> ten years since the couple got married. ≒

Ten years have passed since the couple got married. ≒

The couple has been married for ten years.

(ふたりが結婚してから 10 年が経った)

＊ふたりが「10 年間結婚している状態（married）」だと考えます。

THEME
テーマ

2

受動態

受動態

受動態は《be 動詞＋過去分詞》の形で，「…される」という意味を表します。助動詞と一緒に使われたり，進行形として使われたりすることで，さまざまな形になります。**受動態をマスターするコツは，出てくる形を正確に覚えていくこと**です。ぜひ形を意識しながら読み進めていってください。

思考パート Think about it!

さっそく例題を解いてみましょう。

例題 1 受動態の後ろの形を意識しよう！

次の空所に入れるのに最も適切なものを，選択肢①〜④から選びなさい。
He was (   ) an award by the team for his excellent performance.
① taught　② received　③ given　④ announced 　　　　　（東洋大）

この問題のポイントは，空所の直後に an award「賞」という名詞があることです。別の言い方をすると，《be 動詞＋過去分詞＋名詞》という形になっているということです。そもそもどうして受動態はこのような形になるのでしょうか。まずは，受動態の作り方をおさらいしておきましょう。

受動態は，**能動態の文（「…する」という意味になる表現）の O を S にして，動詞を《be 動詞＋過去分詞》の形にする**ことで作ることができます。

能動態： S The koala V ate O the leaves.
　　　　（コアラは葉っぱを食べた）
受動態： S The leaves V were eaten by the koala.
　　　　（葉っぱはコアラによって食べられた）

このように，**第3文型の能動態の文（S V O）を受動態の形にしたとき，受動態の後ろに名詞が残ることはありません。**

なお，第3文型で使われる動詞はすべて他動詞です。後ろに目的語を置く動詞を「他動詞」と言い，後ろに目的語を置かない動詞を「自動詞」と言いますが，「自動詞」は基本的に受動態にしないことに注意しましょう。

では，第4文型の能動態の文（S V O_1 O_2）を受動態の形にしたいときは，どうすればいいのでしょうか。例文を使って確認してみましょう。

能動態： s The teacher v gave O_1 the student O_2 a pencil.
　　　　（先生は生徒に鉛筆をあげた）

受動態： s The student v was given a pencil by the teacher.
　　　　（生徒は先生によって鉛筆を与えられた）

O_1 にあたる the student を S の位置に持ってきて，動詞 gave を was given に変えると，受動態の文の完成です。すると，能動態のときに O_2 のはたらきをしていた a pencil が受動態の後ろに残ります。このようにして，受動態の後ろに名詞が残る形ができあがります。つまり，**第4文型の能動態の文は，受動態にしたときに O_1 be *done* O_2 という形になる**のです。

受動態の後ろが《過去分詞＋名詞》の形になるのは，第4文型の動詞だけではありません。第5文型もこの形になる場合があります。

能動態： s They v call O the cat C Nyanta.
　　　　（彼らはそのネコをニャンタと呼ぶ）

受動態： s The cat v is called Nyanta by them.
　　　　（そのネコは彼らによってニャンタと呼ばれている）

この例文は，《be動詞＋過去分詞》の後ろに Nyanta という名詞が来ています。**第5文型の能動態の文（S V O C）を受動態の形にしたときは，O be *done* C という形になる**ことを覚えておきましょう。このように，第5文型の受動態の文でも，受動態の後ろに名詞が残る場合があります（C が名詞のときは受動態の後ろに名詞が残ります）。

例題▶**1** に戻ります。① taught は，teach O_1 O_2「O_1 に O_2 を教える」の形で用いる第4文型動詞 teach の過去分詞です。③ given も同様です。give O_1 O_2「O_1 に O_2 を与える」の形で用います。この文は，「賞を与えられた」という意味だと考えるのが自然ですから，③ given が正解です。なお，② received は receive O「O を受け取る」，④ announced は announce O「O を伝える」と，それぞれ第3文型動詞の過去分詞です。これらは受動態の形にしたとき，受動態の後ろに名詞が残ることはないため，誤りです。1つの動詞が複数の文型をとることも珍しくありませんが，どの文型をとるかは動詞ごとに決まっています。各文型で使われる主な動詞を押さえておきましょう（巻末特集「動詞の語法まとめ」P.273 参照）。

> 〈完成文〉 He was given an award by the team for his excellent performance.
> 〈訳例〉 優秀な成績を収めたので，彼はチームから賞を与えられた。

例題▶2 　助動詞を用いた受動態の形を押さえよう！

次の空所に入れるのに最も適切なものを，選択肢①〜④から選びなさい。
The problem should （　　） immediately.
① be solved　② be solving　③ solve　④ to solve　　　　（立命館大）

この問題は，助動詞を用いた受動態の形を問うものです。should「…べき」という意味を受動態に加え，「…されるべき」としたい場合，どのような形にすればよいのでしょうか。

受動態の基本の形は《be 動詞＋過去分詞》です。助動詞の後ろには動詞の原形が来るんでしたね。そこで，be 動詞の原形である be を用いて，be ＋過去分詞を助動詞の後ろに置きます。すると，should be ＋過去分詞という形ができあがります。このように，受動態に助動詞を用いて意味を加えたい場合は《助動詞＋ be ＋過去分詞》の形にします。① be solved が正解です。

> **完成文** The problem should be solved immediately.
>
> **訳 例** その問題はすぐに解決されるべきだ。

should 以外の助動詞を用いた文も確認し，形に慣れておきましょう。

> **例1** 助動詞 **can** を用いた例
>
> A lot of stars <u>can be seen</u> at night in Nagano.
>
> （長野では，夜にたくさんの星が見える）
>
> **例2** 助動詞 **will** を用いた例
>
> The book <u>will be read</u> all over the world.
>
> （その本は世界中で読まれるだろう）

例題▶3 完了形の受動態の正しい形を確認しよう！

次の空所に入れるのに最も適切なものを，選択肢①〜④から選びなさい。

These towels should be clean because they（　　）.

① had washed　　② have been washed

③ have washed　　④ washed

（立命館大）

まず，選択肢を見ると，空所には動詞 wash「…を洗濯する」の形を変えたものが入ることがわかります。they「それら」は These towels「これらのタオル」を指しています。タオルは「洗濯する」のではなく「洗濯される」ものですから，受動態の形を選びます。

ここで確認しておきたいのが，完了形の受動態の形です。完了形の中でも，現在完了形を例に，確認しておきましょう。現在完了形は，《have [has] *done*》の形をとります。この *done*（過去分詞）の部分に be + *done*（過去分詞）という受動態の形を入れると，**現在完了形の受動態の形《have [has] been *done*》**になります。be *done*（過去分詞）という受動態の形を過去分詞にすると，been *done* になることを考えるとわかりやすいでしょう。

現在完了形の受動態の形が使われている② have been washed が正解です。

> (完成文) These towels should be clean because they have been washed.
> (訳 例) これらのタオルはきれいなはずだ。なぜなら，洗濯されたからだ。

それでは，他の選択肢はなぜ誤りなのでしょうか。それは，① had washed, ③ have washed, ④ washed がいずれも能動態だからです。特に，had washed や have washed は受動態の意味を持つと勘違いしていた人もいるかもしれません。しかし，これらはそれぞれ had *done*, have *done* という能動態の形です。勘違いしていた人はこの機会に知識を修正しておきましょう。

過去完了形，未来完了形の受動態

例題3 では現在完了形の受動態について学びました。完了形には他に，過去完了形《had *done*》と未来完了形《will have *done*》があります。それぞれの受動態がどのような形になるか，例文で確認しておきましょう。

例1 過去完了形の受動態の形《had been done》

The bench had already been painted when I visited the park yesterday.

（私が昨日公園を訪れたとき，ベンチにはすでにペンキが塗られていた）

例2 未来完了形の受動態の形《will have been done》

The cleanup will have been finished by noon.

（正午までには，掃除が終えられているだろう）

例題 4 進行形の受動態の正しい形を押さえよう！

次の空所に入れるのに最も適切なものを，選択肢①〜④から選びなさい。

A new house is (　　) next door, so we will soon have new neighbors.

① being built　　② building

③ going to build　　④ to have built　　　　　　　　（青山学院大）

選択肢にある build という動詞は,「建てる」という意味で,build a house「家を建てる」や build a stadium「スタジアムを建設する」のように,後ろに名詞(目的語)を置いて使います。本問は A new house が主語ですから,「新しい家が建てられている(建築中だ)」とすると,文全体が自然な意味になります。では,「…されているところだ」と,今まさにされている最中であることを表すには,どのような形を使えばいいのでしょうか。答えは,《be 動詞+ being +過去分詞》の形です。

進行形の受動態の形 →《be 動詞+ being +過去分詞》

これは,進行形《be 動詞+ *doing*》と受動態《be 動詞+過去分詞》が組み合わさってできた形です。この形を用いた① being built が正解です。

> 〔完成文〕 A new house is being built next door, so we will soon have new neighbors.
>
> 〔訳例〕 隣に新しい家が建てられているので,まもなく私たちに新しい隣人ができるだろう。

最後にもう1問,問題を解いてみましょう。

例題▶5 群動詞の受動態の正しい形を押さえよう!

次の空所に入れるのに最も適切なものを,選択肢①~④から選びなさい。
While I was walking down the street, I was (　　　) by a group of Chinese tourists, who asked me the way to the subway station.

① speaking　　② speaking to
③ spoken　　④ spoken to　　　　　　　　　　　　(大阪教育大　改)

空所の直後の by「…によって」に着目すると,「私は…によって話しかけられた」と受動態の形にすればよいことがわかります。ここで注意が必要なのが,受動態の形です。「話しかける」は英語で speak to ...ですが,これを受動態の形にすると,be spoken to ...となります。つまり,「動詞+前置詞」

をひとかたまりと考えて，そのまま受動態の形にするわけです。④ spoken to が正解です。

> **〔完成文〕** While I was walking down the street, I was spoken to by a group of Chinese tourists, who asked me the way to the subway station.
> **〔訳例〕** 通りを歩いていると，私は中国人観光客の集団に話しかけられ，彼らは私に地下鉄の駅への行き方を尋ねた。

群動詞の受動態

例題▶5 で見た speak to ...「…に話しかける」のように，動詞に前置詞などがくっついて，ひとかたまりで意味を持つものを群動詞と言います。**群動詞は全体をひとかたまりと考えて受動態にします**。その結果として，I was spoken to by ... のように to と by が隣り合ったりすることから，少し違和感があるかもしれません。いくつか群動詞の受動態の例文を読んで，形に慣れておきましょう。

▶ laugh at ...「…のことを笑う」

能動態：All the students in the class <u>laughed at</u> him.
　　　　（クラスの生徒全員が彼のことを笑った）
受動態：He <u>was laughed at</u> by all the students in the class.
　　　　（彼はクラスの生徒全員に笑われた）

▶ take care of ...「…の世話をする」

能動態：The vet <u>took care of</u> the black cat.
　　　　（獣医がその黒猫の世話をした）
受動態：The black cat <u>was taken care of</u> by the vet.
　　　　（その黒猫は獣医によって世話をされた）

❶受動態の基本の形を押さえる

基本の形は《be 動詞 + 過去分詞》です。能動態の文の O を S にして，動詞を《be 動詞 + 過去分詞》の形にすることで作れます。

❷受動態の後ろの形を意識する

第 3 文型の能動態の文（S V O）を受動態の形にしたときは，受動態の後ろに名詞が残ることはありません。

第 4 文型の能動態の文（S V O_1 O_2）を受動態の形にしたときは，O_1 be *done* O_2 という形になります（受動態の後ろに名詞が残ります）。

第 5 文型の能動態の文（S V O C）を受動態の形にしたときは，O be *done* C という形になります（C が名詞のときは受動態の後ろに名詞が残ります）。

❸「自動詞」は基本的に受動態にしない

❹助動詞を用いた受動態の正しい形を押さえる

受動態の形に助動詞（should / would / could / might / can / will など）を用いて意味を加えたい場合は《助動詞 + be + 過去分詞》の形にします。

❺完了形の受動態の正しい形を押さえる

(1) **過去完了形の受動態の形**《had been *done*》

(2) **現在完了形の受動態の形**《have [has] been *done*》

(3) **未来完了形の受動態の形**《will have been *done*》

❻進行形の受動態の正しい形を押さえる

進行形の受動態の形は《be 動詞 + being + 過去分詞》です。

❼群動詞は全体をひとかたまりと考える

Try it out! 練習問題

次の空所に入れるのに最も適切なものを，選択肢①～④から選びなさい。

No.1 LEVEL ★☆☆　　　　　　　　　　CHECK ☐☐☐☐

This course （　　） for students who major in chemistry.

① is requiring　　　　　　　② is required

③ requires　　　　　　　　④ required　　　　　（中央大）

No.2 LEVEL ★☆☆　　　　　　　　　　CHECK ☐☐☐☐

A huge building is now （　　） built in front of the station.

① be　　　　　　　　　　② will be

③ being　　　　　　　　④ been　　　　　（亜細亜大）

No.3 LEVEL ★★☆　　　　　　　　　　CHECK ☐☐☐☐

The new bridge （　　） by the end of next year.

① has been completed　　② is to be completed

③ will complete　　　　④ will have completed　（立命館大）

No.4 LEVEL ★★☆　　　　　　　　　　CHECK ☐☐☐☐

I was thirteen when the accident （　　）.

① had happened　　　　② happen

③ happened　　　　　　④ was happened　（慶應義塾大）

No.5 LEVEL ★★★　　　　　　　　　　CHECK ☐☐☐☐

Dolly's hand was badly swollen because she （　　） by a bee on the weekend.

① stung　　　　　　　　② had stung

③ had been stung　　　④ has stung　　　（立命館大）

No. 6 / LEVEL ★★★　　　CHECK ☐☐☐☐

I don't like （　　　） a fool of in public.

① making 　　　　　　② to make

③ been made 　　　　 ④ being made 　　　（埼玉医科大）

No. 7 / LEVEL ★☆☆　　　CHECK ☐☐☐☐

I don't know what （　　　） in this village last year.

① is occurred 　　　　② occurred

③ occurs 　　　　　　 ④ was occurred 　　　（工学院大）

No. 8 / LEVEL ★★☆　　　CHECK ☐☐☐☐

My brother was （　　　） his classmates when he fell on stage.

① laughed 　　　　　　② laughed at

③ laughed by 　　　　 ④ laughed at by 　　　（名城大）

No.1　② is required

This course (　②　) for students who major in chemistry.

正解への思考プロセス

(1) 選択肢から，空所には動詞 require の形を変えたものが入ることがわかります。

(2) require は，require O「O を必要とする，O を要求する」という意味の他動詞です。しかし本問では，空所の後ろに O となる名詞が置かれていません。ここから，本文は能動態の形（「この講義は…を必要とする」という形）ではないことがわかります。受動態の形《be 動詞＋過去分詞》をしている② is required が正解です。

> **完成文** This course is required for students who major in chemistry.
>
> **訳例** この講義は化学を専攻している学生にとって必修である。

No.2　③ being

A huge building is now (　③　) built in front of the station.

正解への思考プロセス

(1) build O「O を建設する」という他動詞が使われています。しかし，built の後ろに O となる名詞が置かれていません。また，本問の S は「建物」ですから，能動態の形にすると，「建物が建てる」という意味になり，不自然です。

(2) そこで，受動態の形を考えます。空所の前後は is now ... built の形になっているため，空所に being を入れれば，進行形の受動態《be 動詞＋ being ＋過去分詞》「…されているところだ」の形を作ることができます。③ being が正解です。

> **完成文** A huge building is now being built in front of the station.
>
> **訳例** 現在，駅前に巨大な建物が建設されている。

No.3 ② is to be completed

The new bridge （ ② ） by the end of next year.

┣ 正解への思考プロセス ┫

(1) complete O「O を完成させる」という他動詞が使われています。しかし，空所の後ろに O となる名詞が置かれていません。また，本問の S は「新しい橋」ですから，能動態の形にすると，「新しい橋が完成させる」という意味になり，不自然です（ここで，能動態の形である③ will complete と④ will have completed は消去できます）。

(2) そこで，受動態の形を考えます。by the end of next year「来年の終わりまでに」が未来のことを表しているため，be to *do*「…する予定だ，…することになっている」という表現の受動態の形を使います。② is to be completed が正解です。

＊① has been completed は受動態の形ですが，現在完了形であるため，誤りです。

┏完成文┓ The new bridge is to be completed by the end of next year.
┏訳 例┓ 新しい橋は来年の終わりまでに完成するだろう。

No.4 ③ happened

I was thirteen when the accident （ ③ ）.

┣ 正解への思考プロセス ┫

(1) 設問文と選択肢から，文全体は「事故が起こったとき，私は 13 歳だった」という意味になりそうです。happen「起こる」は自動詞ですから，受動態にはしません（ここで，受動態の形である④ was happened は消去できます）。

(2) 次に，「事故が起こったとき」とは，いつの出来事なのかを考えます。事故が起きたのは 13 歳のとき（過去の出来事）ですから，過去形を用いた③ happened が正解です。

┏完成文┓ I was thirteen when the accident happened.
┏訳 例┓ 事故が起こったとき，私は 13 歳だった。

No.5 ③ had been stung

Dolly's hand was badly swollen because she（③）by a bee on the weekend.

正解への思考プロセス

(1) sting O「（虫や植物が）O を刺す」という他動詞が使われています。しかし，空所の後ろに O となる名詞が置かれていません。また，本問の S は「彼女」ですから，能動態の形にすると，「彼女が（ハチによって）刺す」という意味になり，不自然です（ここで，能動態の形である① stung，② had stung，④ has stung は消去できます）。

(2) 過去完了形の受動態の形《had been *done*》を用いた③ had been stung が正解です。

＊① stung は過去形，② had stung は過去完了形，④ has stung は現在完了形です。

> **完成文** Dolly's hand was badly swollen because she had been stung by a bee on the weekend.
>
> **訳例** ドリーの手はひどく腫れていた。なぜなら，彼女は週末にハチに刺されたからだ。

No.6 ④ being made

I don't like（ ④ ）a fool of in public.

正解への思考プロセス

(1) like O「O が好きだ」という他動詞が使われています。そこで，空所には O としてはたらく *doing*（動名詞）か to *do*（to 不定詞の名詞用法）の形が入ると考えます（ここで，どちらの形でもない③ been made は消去できます）。

(2) 前置詞 of の後ろの形にも着目しましょう。名詞が欠けた形になっているため，能動態の① making や② to make は誤りです。make a fool of ...「…を笑いものにする」の受動態 ... be made fool of を動名詞にした形，... being made a fool of を使います。④ being made が正解です。

> **完成文** I don't like being made a fool of in public.
>
> **訳例** 私は人前で笑いものにされるのが嫌だ。

No.**7** ② occurred

I don't know what（ ② ）in this village last year.

▶ 正解への思考プロセス

（1）設問文と選択肢から，文全体は「私は，昨年この村で何が起こったのかわからない」という意味になりそうです。occur「起こる」は自動詞ですから，受動態にはしません（ここで，① is occurred と④ was occurred は消去できます）。

（2）次に，いつの出来事なのかを考えます。last year「昨年」という表現から，過去の出来事であることがわかるため，過去形を用いた② occurred が正解です。

【完成文】 I don't know what occurred in this village last year.
【訳 例】 私は，昨年この村で何が起こったのかわからない。

No.**8** ④ laughed at by

My brother was（ ④ ）his classmates when he fell on stage.

▶ 正解への思考プロセス

（1）設問文と選択肢から，文全体は「舞台の上で転んだとき，私の兄［弟］はクラスメートたちから笑われた」という意味になりそうです。

（2）S laugh at ...「S は…を笑う」の受動態の形は，... be laughed at by S「…は S によって笑われる」です。この形を用いた④ laughed at by が正解です。

【完成文】 My brother was laughed at by his classmates when he fell on stage.
【訳 例】 舞台の上で転んだとき，私の兄［弟］はクラスメートたちから笑われた。

暗記パートでは，受動態の重要な知識事項を一気に学びます。

それでは，さっそく例題を解いてみましょう。

> **例題▶** 誤りを含む箇所を選びなさい。
> 誤りがない場合には⑤を選びなさい。
>
> ①More than 70 percent of ②the students ③surveyed are ④satisfied of their program.　　　　　　　　　　　　　　　（立命館大）

この問題は，be satisfied とともに用いる前置詞の知識を問う問題です。受動態では，行為主を表すために by を使うことが多いですが，by 以外の前置詞を使う場合もあります。be satisfied もそのうちの1つです。be satisfied with ...「…で満たされる，…によって満足する」の形で使うため，④が正解です。なお，③の surveyed は過去分詞で，the students を後ろから修飾しています。

> **完成文** More than 70 percent of the students surveyed are <u>satisfied</u> <u>with</u> their program.
> **訳例** 調査を受けた学生の 70%以上がプログラムに満足している。

この問題は，どのようなときにどの前置詞を使うのかを整理して覚えておくだけで解けてしまいます。覚えておきたい表現を表にまとめましたから，知識の確認をしておきましょう。似たような形がいくつかあり，区別が必要なものについては説明を加えています。覚える際の手がかりにしてください。

【by 以外の前置詞を使う頻出の受動態】

表現	意味
be covered with ...	…に覆われている
be filled with ...	…で満たされている
be injured in ...	…でけがをする
be interested in ...	…に関心がある
be killed in ...	… （事故・戦争など）で死ぬ
be known as ...	…として知られている ＊as「…として」の意味で覚えれば OK です。 例 The temple **is known as** the oldest one in Japan. （その寺は日本で最古のものとして知られている）
be known by ...	…でわかる，…を見ればわかる ＊「（他と区別して）…とわかる」の意味の know が使われています。ここでの by は行為主を表すのではなく，判断の基準を表します。 例 A person **is known by** the company he keeps. （人は，付き合う人を見ればわかる［判断できる］）
be known to ...	…に知られている ＊to 以下に行為主を置きます。一般的な受動態では by を使う場面ですが，この場合は to を使うと覚えておきましょう。 例 The baseball player **is known to** a lot of people. （その野球選手は多くの人に知られている）
be made from ...	…から作られる，…からできている ＊原材料を加工して何かが作られる場合に使います。原材料が原形をとどめない形に加工されているイメージを持つとよいでしょう。 例 Wine **is made from** grapes. （ワインはブドウから作られる）

THEME

2

受動態

be made into ...	加工されて…になる * 「変化」の意味を持つ into を用いた表現です。 例 Milk is **made into** cheese. 　（牛乳は加工されてチーズになる）
be made of ...	…でできている *素材をそのまま使って何かが作られる場合に使います。素材が比較的原形をとどめているイメージを持つとよいでしょう。 例 This desk is **made of** wood. 　（この机は木でできている）
be pleased with ...	…で喜ぶ
be satisfied with ...	…に満足している
be surprised at ...	…に驚く
be tired of ...	…にうんざりしている
be wounded in ...	…でけがをする

THEME
テーマ

3

助動詞

助動詞

この章では助動詞について学習します。助動詞は動詞の前に置かれ、言わば動詞の意味に「味つけ」をするようなはたらきをします。**どのような場面でどのような助動詞を使うのか**、また**過去のことを表す場合にはどのような形を用いるのか**が特に重要なポイントです。仕組みを理解しながら学習していきましょう。

┤ 思考パート ├ ─Think about it!─

さっそく例題を解いてみましょう。

例-題▶ 1 基本的な助動詞と否定の意味を確認しよう!

次の空所に入れるのに最も適切なものを、選択肢①〜④から選びなさい。

He is an honest person, so his story (　　) be false.

① can　② can't　③ must　④ mustn't

この問題では、助動詞についての基本的な理解が問われています。文全体は、「彼は正直な人だから、彼の話はうそではない」という意味になりそうです。can't「…はずがない」を空所に入れると、文の意味が自然に通るため、② can't が正解です。① can「…可能性がある」、③ must「…しなければならない、…に違いない」、④ mustn't「…してはならない」は、いずれも文全体の意味が不自然になるため、誤りです。

〈完成文〉 He is an honest person, so his story can't be false.

〈訳 例〉 彼は正直な人だから、彼の話はうそであるはずがない。

（「基本的な助動詞の意味」と「注意すべき否定の意味」） ……………─

例題▶1 で見たように、**must「…しなければならない、…に違いない」の否定 mustn't は「…してはならない」という「禁止」の意味**になります。「…

する必要はない」や「…でないに違いない」という意味にはならないことに注意しましょう。このように，「基本的な助動詞の意味」と「注意すべき否定の意味」については，あらかじめ頭に入れておく必要があります。例文とともに確認しておきましょう。

▶ must「…しなければならない，…に違いない」

例 You <u>must</u> hand in the report by Wednesday.
（あなたは水曜日までにレポートを提出しなければならない）

例 He <u>must</u> be a professional singer.
（彼はプロの歌手に違いない）

▶ mustn't「…してはならない」（禁止）

例 You mustn't enter the area circled by the rope.
（あなたはロープで囲まれた部分に入ってはならない）

mustn't は「禁止」の意味を表し，「…する必要はない」や「…でないに違いない」という意味にはならないことに注意が必要です。「…する必要はない」という意味を表したい場合は，下の 例1 のように don't have to を用いて表します。また，例2 や 例3 のように，needn't や don't need to を用いて表すこともできます。なお，「…でないに違いない」は「…であるはずがない」という意味であり，このような意味を表したい場合は，例4 のように can't [cannot] を用いて表します。

例1 You <u>don't have to</u> hand in the report by Wednesday.

例2 You <u>needn't</u> hand in the report by Wednesday.

例3 You <u>don't need to</u> hand in the report by Wednesday.
（あなたは水曜日までにレポートを提出する必要はない）

例4 He <u>cannot</u> be a professional singer.
（彼がプロの歌手であるはずがない）

例題 ▶ 2　動詞と助動詞の区別をしよう！

次の空所に入れるのに最も適切なものを，選択肢①〜④から選びなさい。

He （　　） get full marks to pass the exam.

① need　② needn't　③ doesn't need　④ needs

設問文と選択肢から，空所には need もしくは need が形を変えたものが入ることがわかりますが，正解にたどり着くためには動詞として使われる need と助動詞として使われる need の違いを理解している必要があります。空所の直後に動詞の get があることから，助動詞が空所に入るのではないかと考えます。need の否定形 needn't（原則として否定文か疑問文で用いる，助動詞 need の使い方）を空所に入れると，文全体が「その試験に合格するためには，彼は満点を取る必要はない」という自然な意味になるため，② needn't が正解です。

① need は 3 単現の s がついていないことから助動詞であると判断できますが，助動詞の need は原則として否定文か疑問文で用いるため，誤りです。③ doesn't need は動詞の need ですが，動詞の need を用いて「…する必要がない」という意味を表したい場合は doesn't need to という形にするため，誤りです。また，④ needs も動詞の need ですが，動詞の need を用いて「…する必要がある」という意味を表したい場合は needs to という形にするため，誤りです。

完成文　He needn't get full marks to pass the exam.

訳例　その試験に合格するためには，彼は満点を取る必要はない。

動詞と助動詞の区別が必要な語 need と dare

例題 ▶ 2 で見たように，need は動詞と助動詞の区別が必要な語です。また，「…する勇気がある，大胆にも…する」という意味の dare にも，同じような使い方があります。例を確認しながら，この機会にセットで押さえておきましょう。

▶ **need**
「…する必要がある」
＊動詞と違って，助動詞の場合は原則として否定文・疑問文で用います。

【動詞としての使い方】

例 He needs to do it.
（彼はそれをする必要がある）

例 He doesn't need to do it.
（彼はそれをする必要はない）

例 Does he need to do it?
（彼はそれをする必要がありますか？）

【助動詞としての使い方】

例 He needn't [need not] do it.
（彼はそれをする必要はない）

例 Need he do it?
（彼はそれをする必要がありますか？）

▶ **dare**
「…する勇気がある」
＊動詞と違って，助動詞の場合は原則として否定文・疑問文で用います。

【動詞としての使い方】

例 He dares to do it.
（彼にはそれをする勇気がある）

例 He doesn't dare to do it.
（彼にはそれをする勇気がない）

例 Does he dare to do it?
（彼にはそれをする勇気がありますか？）

【助動詞としての使い方】

例 He dare not [daren't] do it.
（彼にはそれをする勇気がない）

例 Dare he do it?
（彼にはそれをする勇気がありますか？）

例題 3 助動詞の形と表す時を確認しよう！

次の空所に入れるのに最も適切なものを，選択肢①〜④から選びなさい。

My wallet is gone. I（　　）it at the store.

① may leave　② might leave　③ might have left　④ may be leaving

---

1 文目の「私の財布がない」と選択肢から，空所を含む文は「店にそれを忘れてきたのかもしれない」という意味になりそうです。よって，過去のこと

についての推量を表す③ might have left が正解です。① may leave, ④ may be leaving は，現在・未来の推量を表し，過去の推量は表さないため，誤りです。また，② might leave は過去形ではありますが，現在・未来の推量を表し，原則として過去の推量は表さないため，誤りです。

〈完成文〉 My wallet is gone. I might have left it at the store.
〈訳 例〉 私の財布がない。店に忘れてきたのかもしれない。

助動詞の過去形 ≠ 必ず過去の意味を表す

例題 3 で見たように，might「…かもしれない」は現在・未来のことについての推量を表し，原則として過去のことについての推量は表しません。これと同様に，shall「…だろう」の過去形 should も「…べきだ，…はずだ」という意味であり，過去のことを表しません。このように，**助動詞の過去形は必ずしも過去の意味になるわけではない**ことに注意が必要です。一方で，過去形で過去のことを表す場合ももちろんあります。例えば，次に挙げるものはぜひとも押さえておきたい過去形の表現です。

例1 「習慣」の would
They would often go fishing in the river.
（彼らはよく川に釣りに行ったものだ）

例2 「拒絶」の would not
The door wouldn't open.
（そのドアはどうしても開かなかった）

例3 「能力」の could
She could run 1 km within four minutes.
（彼女は 1 キロを 4 分以内で走れた）

過去のことを表す 助動詞 + have *done* の形

過去のことを表すには，助動詞 + have *done* の形がよく使われます。頻出の表現を表にまとめましたから，例文とともに意味を確認しておきましょう。

▶ **must have** *done*「…したに違いない」

例 It must <u>have rained</u> yesterday.

（昨日，雨が降ったに違いない）

▶ **should have** *done* ≒ **ought to have** *done*「…したに
　① 「（もう）…しているはずだ，…したはずだ」
　② 「…すべきだったのに」

①の例 She left home early this morning, so she <u>should have arrived</u>
　　 at Tokyo Station by now.

　（彼女は今朝早くに家を出たので，もう東京駅に着いているはずだ）

②の例 The party was great. You <u>should have come</u>!

　（そのパーティーはよかったよ。君も来るべきだったのに！）

▶ **may [might] have** *done*「…したかもしれない」

例 Mary <u>may have met</u> the man.

　（メアリーはその男に会ったことがあるかもしれない）

▶ **could have** *done*
　① 「…したかもしれない」　② 「…できただろう」

①の例 He <u>could have been</u> involved in the accident.

　（彼はその事故に巻き込まれたかもしれない）

②の例 She <u>could have finished</u> her work with his help.

　（彼の助けがあれば，彼女は仕事を終わらせることができただろう）

▶ **cannot [couldn't] have** *done*
　① 「…したはずがない」　② 「…できなかっただろう」

①の例 The boy <u>couldn't have told</u> a lie.

　（その少年がうそをついたはずがない）

②の例 She <u>couldn't have finished</u> her work without his help.

　（彼の助けなしでは，彼女は仕事を終わらせることができなかっただ
　ろう）

> ▶ **needn't have *done*** 「…する必要はなかったのに（実際はした）」
>
> 例 You <u>needn't have attended</u> the meeting.
>
> （あなたはその会議に出席する必要がなかったのに）

＊ can have *done* や need have *done* の形はないと考えてもOKです。

＊ must have *done*「…したに違いない」の否定は cannot [couldn't] have *done*「…しなかったはずだ」です。

最後にもう1問，問題を解いておきましょう。

例題 4　意味のまぎらわしい助動詞の表現を押さえよう！

次の空所に入れるのに最も適切なものを，選択肢①〜④から選びなさい。

Sarah performed well in the piano contest. She （　　） a lot before the contest.

① must practice　　② must have practiced

③ should practice　　④ should have practiced

1文目の「サラはピアノコンテストでよい演奏をした」および選択肢より，空所を含む2文目の意味は「彼女はコンテスト前にたくさん練習したに違いない」という意味になりそうです。よって，② must have practiced が正解です。① must practice と③ should practice は過去のことを表さないため，誤りです。また，④ should have practiced は「練習すべきだったのに」という意味であり，1文目と2文目の意味のつながりが不自然になるため，誤りです。

> 完成文 Sarah performed well in the piano contest. She must have practiced a lot before the contest.
>
> 訳例 サラはピアノコンテストでよい演奏をした。彼女はコンテスト前にたくさん練習したに違いない。

should have *done* と must have *done*

最後に，入試で頻出の should have *done* と must have *done* の区別を確認しておきましょう。ポイントは，must have *done* が，must *do* の「…に違いない」の意味を主に引き継ぐ点です。

must *do*	①…に違いない ②…しなければならない
must have *done*	…したに違いない
should *do*	①…するはずだ ②…すべきだ
should have *done*	①（もう）…しているはずだ，…したはずだ ②…すべきだったのに ＊後悔・非難などの意味を表します。

○　助動詞の重要ポイント　○

❶どのような場面でどのような助動詞を使うのかを押さえる
　(1)「基本的な助動詞の意味」と「注意すべき否定の意味」を押さえる
　(2) 動詞と助動詞の区別が必要な語を押さえる
❷「過去」のことを表す場合にはどのような形を用いるのかを押さえる
　(1) 助動詞の過去形は必ずしも過去の意味を表さない
　(2) 過去形で過去の意味を表す助動詞を押さえる
　(3) 助動詞 + have *done* の表現を押さえる
❸ should have *done* と must have *done* を区別する

Try it out! 練習問題

次の空所に入れるのに最も適切なものを，選択肢①〜④から選びなさい。

No. 1 LEVEL ★★☆　　　　　　　　　　CHECK ☐☐☐☐

We don't have enough money to go on holiday this year. We (　　) saved more money.

① should have
② can have
③ have had
④ must have

（芝浦工大　改）

No. 2 LEVEL ★★☆　　　　　　　　　　CHECK ☐☐☐☐

A : The window was unlocked, and there is mud on the floor.

B : So the thief (　　) come into the apartment that way.

① may
② must have
③ ought to
④ should

（学習院大　改）

No. 3 LEVEL ★★☆　　　　　　　　　　CHECK ☐☐☐☐

Nancy (　　) in the office this morning, but we didn't see her there.

① should be
② might have been
③ may not have been
④ must be

（関西学院大）

No. 4 LEVEL ★★★　　　　　　　　　　CHECK ☐☐☐☐

Everything each member of the team could think of (　　) to win the match we lost.

① should be done
② should do
③ should have been done
④ should have done

（中央大）

No. 5 LEVEL ★★☆　　　CHECK ☐☐☐☐

I （　　） gone to the presentation after all. I learned nothing new.

① needn't have　　　　　② wouldn't have

③ mustn't have　　　　　④ couldn't have　　　　　（南山大）

No. 6 LEVEL ★★☆　　　CHECK ☐☐☐☐

We had a great time at the party last night. You （　　） come.

① had to　　　　　② must have

③ might have　　　　　④ ought to have　　　　　（上智大）

No. 7 LEVEL ★☆☆　　　CHECK ☐☐☐☐

You （　　） call her "Madam."

① don't need　　　　　② needn't

③ not need　　　　　④ wouldn't need　　　　　（立教大）

No. 8 LEVEL ★★☆　　　CHECK ☐☐☐☐

A：James is not here. I wonder why he is late this morning.

B：He （　　） his train, or possibly overslept.

① might have missed　　　　　② might miss

③ should have missed　　　　　④ should miss　　　　　（玉川大）

No.1　① should have

We don't have enough money to go on holiday this year. We (①) saved more money.

正解への思考プロセス

(1) 1文目の「私たちは今年，休暇に出かけるのに十分なお金がない」および選択肢から，空所を含む2文目は「もっと節約すべきだった」のような意味（過去の意味）になることをつかみます。

(2) should have *done*「…すべきだったのに」という後悔を表す表現を用いればよいとわかるため，① should have が正解です。

＊② can have は，can have *done* という形が基本的にないため，誤りです。③ have had も，have had *done* という形はないため，誤りです。また，④ must have は，must have *done* で「…したに違いない」という意味であり，1文目と2文目の意味のつながりが不自然になるため，誤りです。

> **完成文**　We don't have enough money to go on holiday this year. We should have saved more money.
>
> **訳例**　私たちは今年，休暇に出かけるのに十分なお金がない。もっと節約すべきだった。

No.2　② must have

A：The window was unlocked, and there is mud on the floor.

B：So the thief (②) come into the apartment that way.

正解への思考プロセス

(1) 設問文と選択肢から，「窓には鍵がかかっておらず，床には泥があります」と話しているAに対して，Bは空所を含む文で「泥棒はそこからアパートに入って来たに違いないですね」のように返答している（過去のことについて推量する内容になる）ことをつかみます。

(2) must have *done*「…したに違いない」という過去のことを表す表現を用いればよいとわかるため，② must have が正解です。

＊① may「…かもしれない」，③ ought to「…すべきだ」，④ should「…すべきだ」

は，いずれも過去のことを表す表現ではないため，誤りです。

> 【完成文】 A：The window was unlocked, and there is mud on the floor.
> B：So the thief must have come into the apartment that way.
>
> 【訳例】 A：窓には鍵がかかっておらず，床には泥があります。
> B：ということは，泥棒はそこからアパートに入って来たに違いないですね。

No.3 ② might have been

Nancy （ ② ） in the office this morning, but we didn't see her there.

▌ 正解への思考プロセス

(1) 設問文の this morning「今朝」と didn't see「会わなかった」という表現
や，選択肢より，空所を含む but より前の部分は「ナンシーは今朝，会社
にいたかもしれない」や「ナンシーは今朝，会社にいたに違いない」のよう
な意味（過去の意味）になることをつかみます（この時点で，過去のことを
表す表現ではない，① should be「…はずだ」と ④ must be「…に違いない」
を消去できます）。

(2) 空所に might have *done*「…したかもしれない」という過去のことを表す
表現を入れることで，「ナンシーは今朝，会社にいたかもしれないが，私た
ちはそこで彼女に会わなかった。」という自然な文を作ることができるため，
② might have been が正解です。

＊③ may not have been は，「いなかったかもしれない」という意味になり，
文全体の意味が不自然になるため，誤りです。

> 【完成文】 Nancy might have been in the office this morning, but we didn't see her there.
>
> 【訳例】 ナンシーは今朝，会社にいたかもしれないが，私たちはそこで彼女に会わなかった。

Everything each member of the team could think of （ ③ ） to win the match we lost.

▎正解への思考プロセス

(1) Everything の 後 ろ に each member of the team could think of という SV 構造が続いており，of の後ろには名詞が欠けていることから，Everything の後ろに関係代名詞 that が省略されていることを見抜きます（同様に，we lost の前には関係代名詞 that が省略されています）。

(2) 選択肢から，文全体は「私たちが負けた試合に勝つためには，チームの各メンバーが思いつくすべてのことがなされるべきだった」のような意味（過去の意味）になることをつかみます。

(3) should have been *done*「されるべきだったのに」という過去のことを表す表現を用いればよいとわかるため，③ should have been done が正解です。

＊① should be done「…されるべきだ」，② should do「…すべきだ」は，どちらも過去のことを表す表現ではないため，誤りです。また，④ should have done「…すべきだったのに」は，意味が不自然なため，誤りです。

> ⟨**完成文**⟩ Everything each member of the team could think of should have been done to win the match we lost.
>
> ⟨**訳 例**⟩ 私たちが負けた試合に勝つためには，チームの各メンバーが思いつくすべてのことがなされるべきだった。

I （ ① ） gone to the presentation after all. I learned nothing new.

▎正解への思考プロセス

(1) 2 文目の「私は新しいことは何も学ばなかった」および選択肢より，空所を含む 1 文目は「発表に行く必要はなかった」のような意味（過去の意味）になることをつかみます。

(2) needn't have *done*「…する必要がなかったのに（実際はした）」という過去のことを表す表現を用いればよいとわかるため，① needn't have が正解です。

＊② wouldn't have「…しなかっただろう」，③ mustn't have「…しなかったに違いない」，④ couldn't have「…だったはずがない」は，いずれも文全体が不自然な意味になるため，誤りです。

> 〈完成文〉 I needn't have gone to the presentation after all. I learned nothing new.
> 〈訳 例〉 結局,その発表に行く必要はなかった。私は新しいことは何も学ばなかった。

No.6 ④ ought to have

We had a great time at the party last night. You（ ④ ）come.

正解への思考プロセス

(1) 1文目の「私たちは昨夜のパーティーで楽しい時間を過ごした」および選択肢より，空所を含む2文目は「あなたも来るべきだった」のような意味（過去の意味）になることをつかみます。

(2) ought to have *done*「…すべきだったのに」という過去のことを表す表現を用いればよいとわかるため，④ ought to have が正解です。

＊① had to「（外部的・客観的事情で）…する必要があった」，② must have「…したに違いない」，③ might have「…したかもしれない」は，いずれも文全体が不自然な意味になるため，誤りです。

> 〈完成文〉 We had a great time at the party last night. You ought to have come.
> 〈訳 例〉 私たちは昨夜のパーティーで楽しい時間を過ごした。あなたも来るべきだったのに。

No.7 ② needn't

You（ ② ）call her "Madam."

正解への思考プロセス

(1) 空所の後ろに動詞の原形 call があることに着目します。

(2) 助動詞を入れればよいとわかるため，② needn't が正解です。

＊① don't need，④ wouldn't need の need は動詞であり，need to *do* の形で用いるため，誤りです。③ not need は，そもそもそのような形がないため，

誤りです。

【完成文】 You needn't call her "Madam."

【訳例】 あなたは彼女のことを「マダム」と呼ぶ必要はない。

No.8 ① might have missed

A：James is not here. I wonder why he is late this morning.

B：He (①) his train, or possibly overslept.

正解への思考プロセス

(1) 設問文と選択肢から，「ジェームズはここにいません。なぜ彼は，今朝遅れているのでしょうか」と話しかけている A に対して，B は空所を含む文で「電車に乗り遅れたかもしれないし，ひょっとすると寝過ごしたのかもしれない」のように返答している（過去のことについて推量する内容になる）ことをつかみます。

(2) might have *done*「…したかもしれない」という過去のことを表す表現を用いればよいとわかるため，① might have missed が正解です。

＊② might miss「乗り遅れるかもしれない」，④ should miss「乗り遅れるべきだ」は，どちらも過去のことを表す表現ではないため，誤りです。また，③ should have missed は，「乗り遅れるべきだったのに」や「（今ごろ）乗り遅れているはずだ」という意味になり，A の発話に対する B の応答として意味が不自然になるため，誤りです。

【完成文】 A：James is not here. I wonder why he is late this morning.
B：He might have missed his train, or possibly overslept.

【訳例】 A：ジェームズはここにいません。なぜ彼は，今朝遅れているのでしょうか。
B：彼は電車に乗り遅れたのかもしれませんし，ひょっとすると寝過ごしたのかもしれません。

例題▶ 次の空所に入れるのに最も適切なものを，
選択肢①〜④から選びなさい。

You（　　）enter his room. He hates to be disturbed when he is writing.
① had better not ② had better not to
③ had not better ④ had not better to （高知大）

この問題は，見た瞬間に① had better not が正解だと判断したい問題です。had better *do*「…したほうがよい」の否定は had better not *do*「…しないほうがよい」という形で表します。このような，覚えておくべき重要表現を例文とともに確認しておきましょう。

完成文 You had better not enter his room. He hates to be disturbed when he is writing.

訳例 彼の部屋に入らないほうがよい。彼は書き物をしているときに邪魔されるのを嫌がるから。

【助動詞を用いた重要表現】

No.002

▶ **cannot help** *doing* ≒ **cannot help but** *do* ≒ **cannot but** *do*
「…せざるをえない」

例 I <u>couldn't help laughing</u> when he spilled his coffee on himself.
（彼がコーヒーをこぼしたとき，私は笑わずにはいられなかった）

▶ **had better** *do*「…したほうがよい」

例 You <u>had better follow</u> the doctor's advice.
（あなたはその医師の忠告に従ったほうがよい）

＊「しないとひどい目に遭う」ようなときに使います。

例 You <u>had better not drink</u> too much.
（あなたはお酒を飲みすぎないほうがよい）

＊否定文では had better not *do*「…しないほうがよい」の形を使います。

▶ **may (just) as well** *do* 「…したほうがよい」

例 You <u>may as well leave</u> now.

(そろそろ出発したほうがよい)

▶ **may (just) as well V₁ as V₂**

「**V₂ するよりも V₁ したほうがよい，V₂ するのと同じように V₁ してもよい**」

例 You <u>may as well</u> walk <u>as</u> take a bus.

(バスに乗るより，歩いたほうがよい)

▶ **might (just) as well** *do*

「**…したほうがよい［ましだ］，…するようなものだ**」

例 I <u>might as well lie</u> around all day.

(一日中寝転がっているほうがましだ)

▶ **might (just) as well V₁ as V₂**

「**V₂ するくらいなら V₁ したほうがよい，V₂ するのは V₁ するのも同然だ**」

例 I <u>might as well</u> throw my money away <u>as</u> give it to him.

(彼に自分のお金をあげるくらいなら捨てたほうがよい) ≒

(彼にお金をあげることは捨てるのも同然だ)

▶ **may well** *do* 「**…するのももっともだ，たぶん…だろう**」

例 She <u>may well get</u> angry.

(彼女が怒るのももっともだ)

例 He <u>may well come</u> to the meeting.

(彼はおそらく会議に来るだろう)

▶ **used to** *do* 「**(以前は) よく…したものだ，(かつては) …だった**」

例 She <u>used to drop by</u> the bookstore on her way home from school.

(彼女はかつて，学校からの帰り道にその書店によく立ち寄った)

＊過去と現在の対比の意味を持ち，「現在はしていない」という意味を含みます。

▶ **would rather V₁ than V₂** 「**V₂ するより V₁ したい**」

例 I <u>would rather</u> play tennis <u>than</u> play soccer.

(私はサッカーをするよりテニスをしたい)

THEME
テーマ

4

仮定法

仮定法

仮定法というと，どんなイメージがありますか？ 「if がある文」,「ありえないことを言うときに使う」など，さまざまでしょう。この章では，**仮定法の仕組みを理解し，使えるようになること**を目指します。

┤思考パート├ ╾Think about it!╼

さっそく例題を解いてみましょう。

例題▶ 1 　仮定法を使う場面と形を理解しよう！

次の空所に入れるのに最も適切なものを，選択肢①〜④から選びなさい。

If Richard （　　） absent tomorrow, we will need to seek assistance from someone else.

① is 　② were 　③ will have been 　④ would be 　　　（立教大）

この文は，冒頭に If があります。ということは，仮定法の文でしょうか。答えは No です。If を使った文は，大きく 2 種類に分けられます。それは,(1) 単なる条件の文と (2) 仮定法の文です。次の例文で確認してみましょう。

┤単なる条件の文├

（1）If it snows tomorrow, we will have a snowball fight.
　　（もし明日雪が降れば，私たちは雪合戦をするだろう）

┤仮定法の文├

（2）If it snowed in Egypt, I would see white pyramids.
　　（もしエジプトで雪が降れば，私は白いピラミッドを見るだろう）

この 2 文の訳はそれぞれ，「もし…雪が降れば」となるため，一見すると同じ意味のように見えます。では，何が違うのでしょうか。それは，一言で言うと，(1) の文は雪が降るかどうかわからない，五分五分の状況を表し,(2)

の文は，「エジプトで雪が降る」という，まずありえない状況（あったとしても起こる可能性がとても低いこと）を表しているという点です。

さらに，もう1点大きな違いがあるのですが，気づきましたか。そう，動詞の形が違います。(1) の文では snows と will have（現在形），(2) の文では snowed と would see（過去形）が使われています。

以上のことをまとめると，次のようになります。

if を使った文	使う場面	動詞の形
単なる条件の文	五分五分の状況	現在形 If S 現在形 , S will *do*
仮定法の文	ありえない （可能性が低い）状況	過去形 If S 過去形 , S would *do*

例題▶**1** に戻ります。主節の will need の形に着目すると，これは単なる条件の文だとわかります。条件の文では if 節の中の動詞を現在形にする必要がありますから，① is が正解です。

〈完成文〉 If Richard is absent tomorrow, we will need to seek assistance from someone else.

〈訳例〉 もし明日リチャードが欠席したら，私たちは他の誰かの援助を求める必要がある。

例題▶**2**　仮定法過去の形と意味を把握しよう！

次の空所に入れるのに最も適切なものを，選択肢①〜④から選びなさい。

If I (　　) rich, I would buy a big house.

① am　② were　③ will be　④ would be　　　　　　　（立教大）

この文は，主節に would buy（過去形）があることから，先ほど見たように仮定法の文だと考えられます。ここで，仮定法が使われる場面と形についてもう少し細かく見てみましょう。

仮定法は，現在のことや未来のことを表すときに使う場合があります。「現在の状況とは反対の状況」を想像したり，「未来の起こりそうにないこと」を想像したりして使うのです。例えば，次の例文を見てください。

> 例 If I were a cat, I could sleep all day.
> （もし私がネコなら，1日中寝ていられるだろうに）

現在の状況は，「（私は）ネコではないので，1日中寝ていられない」で，それとは反対の状況を想像して，「もし（私が）ネコなら，1日中寝ていられるだろう」と述べています。このように，現在や未来のことを想像して述べる仮定法の文は，過去形を用いて次のような形で表します。過去形を使っていることから，仮定法過去と呼ばれます。

仮定法過去の形と意味

> ▶ If S 過去形 , S would [could / might] *do*
> 「もし S が（現在・未来）…だったら［…したら］，S は（現在・未来）〜するだろうに［〜することができるだろう，〜するかもしれない］」

例題 2 に戻りましょう。この文は仮定法の文であり，現在の状況とは反対の状況を想像して述べていることがわかるため，if 節の中を過去形にします。② were が正解です。「主語が I だから was ではないの？」と思った人もいるかもしれませんが，仮定法の文では if 節内の be 動詞は基本的に were を使います（口語では was も使われます）。

> 完成文 If I were rich, I would buy a big house.
> 訳 例 もし私がお金持ちなら，大きな家を買うだろう。

070

未来のことを表す表現を覚えよう！

例題 2 では，If S *did* / were の形を使って現在や未来のことを表す，仮定法過去の形と意味を学習しました。このように普通の仮定法過去でも未来のことを表せるのですが，このほかにも未来のことを専門に表す表現があります。それは，If S were to *do* の形です。仮定法過去の一種で，書き手（話し手）が起こりそうにないと思っていることについての想像を表します。例文で確認しておきましょう。

> 例 If a serious problem were to happen, I would panic.
> （もし深刻な問題が起こったら，私はパニックになるだろう）

また，似たような表現に，If S should *do* があります。これは，書き手(話し手)が起こる可能性は低いけれどもありうると考えていることを述べるために使われます。should は「万一」という意味だと覚えておくとよいでしょう。

> 例 If he should come, please call me.
> （万一彼が来たら，私に電話をしてください）

この2つの表現の違いで特に覚えておく必要があるのは，主節の形です。if 節が If S were to *do* の場合は，主節には S would *do* という仮定法過去の形が来ます。一方でif節がIf S should *do* の場合，主節はS will *do* や命令文，S would *do* などさまざまです。このように if 節が If S should *do* の場合は，主節に助動詞の過去形が来ないこともありますから，未来のことを表す表現ではありますが，厳密には仮定法の表現とは言えません。

未来のことを表す表現

▶ If S were to *do*, S would *do*

「もし S が（未来）…したら，S は〜するだろうに」

▶ If S should *do*, S will *do* / 命令文 / S would *do*

「万一 S が（未来）…したら，S は〜するだろう［〜してください，〜するだろうに］」

それではもう 1 問，問題を解いてみましょう。

例題→ 3 仮定法過去完了の形と意味を把握しよう！

次の空所に入れるのに最も適切なものを，選択肢①～④から選びなさい。
If he had been a little more careful, he（　　）his work properly.

① could have done　　② must have done
③ did not do　　④ will do　　　　　　　　　　　　　　　　（法政大）

例題→ 2 では，現在のことや未来のことを表す仮定法を確認しました。仮定法はさらに，もう 1 つあります。それは，過去のことを表す仮定法です。形はどうなるかわかりますか？　現在のことを表すときは，過去形を用いました。つまり，時間軸を 1 つ昔にさかのぼったわけです。そうです，過去のことを表すときは，過去完了形（had *done*）を使います。

例文で確認してみましょう。

例 If I had studied harder last night, I would have done better in the test.
（もし昨晩もっと一生懸命勉強していたら，私はテストでもっとうまくやっただろうに）

このように，過去の状況「昨晩一生懸命勉強しなかったから，テストでうまくやれなかった」について，「もし昨晩一生懸命勉強していたら，テストでうまくやれていただろう」と反対の状況を想像して述べる仮定法の文は，過去完了形を用いて表します。過去完了形（had *done*）を使っていることから，仮定法過去完了と呼ばれます。

> ### 仮定法過去完了の形と意味
>
> ▶ If S had *done*, S would [could / might] have *done*
>
> 「もし S が（過去）…していたら，S は（過去）〜しただろうに [〜する
> ことができただろう，〜したかもしれない]」

例題▶**3** に戻ります。if 節が If S had *done* の形になっていることに着目す
ると，仮定法過去完了の文ではないかと考えることができます。主節は助動
詞の過去形 + have *done* の形になることから，① could have done が正解
です。② must have done，③ did not do，④ will do は助動詞の過去形
が使われていないため，誤りです。なお，②の助動詞 must は過去形のない
助動詞です。

> 〈完成文〉 If he had been a little more careful, he could have done his
>   work properly.
>
> 〈訳 例〉 もし彼がもう少し慎重だったら，きちんと仕事ができただろうに。

例題▶**4**　if 節と主節の表す時がずれる場合がある！

次の空所に入れるのに最も適切なものを，選択肢①〜④から選びなさい。
If I (　　) him out a year ago, he wouldn't be in as much trouble as he
is now.
① had helped　② were to help　③ help　④ could help　　（日本大　改）

仮定法過去完了と仮定法過去が一緒に使われる文もあります。次の例文を見
てください。

> 例 If I <u>had left</u> home earlier, I <u>would be</u> on the train now.
>   （もしもっと早く家を出ていたら，私は今ごろ電車に乗っているだろうに）

この文では，「過去にこうしていたら，現在こうだろうに」というように，
if 節が表す時（過去）と，主節が表す時（現在・未来）がずれています。こ
のような場合，if 節は仮定法過去完了（If S had *done*），主節は仮定法過去
（S would *do*）を使って表します。

まとめると，次のような形と意味になります。

> **if 節と主節の表す時がずれる場合**
>
> ▶ If S had *done*, S would [could / might] *do*
>
> 「もし S が（過去）…していたら，S は（現在・未来）～するだろうに [～できるだろうに，～するかもしれない]」

例題→4 に戻りましょう。主節の wouldn't に着目すると，仮定法過去の文（現在・未来のことを表す文）ではないかと考えることができます。また，主節に now とあることからも，主節は現在のことを表しているとわかります。一方，if 節には a year ago「1 年前」があるため，if 節は過去のことを表しているとわかります。「（過去）…手伝っていたら」「（現在）…困っていないだろうに」とすると意味が自然につながりますね。if 節では，過去のことは過去完了形を使って表すことから，① had helped が正解です。なお，② were to help は未来のことを表す表現であるため，誤りです。

完成文 If I had helped him out a year ago, he wouldn't be in as much trouble as he is now.

訳例 1 年前に私が彼を手伝っていたら，彼は今ほど困っていないだろうに。

最後にもう 1 問，問題を解いてみましょう。

> **例題→5** if の省略 3 つのパターンを覚えよう！
>
> 次の空所に入れるのに最も適切なものを，選択肢①～④から選びなさい。
> I know you are angry with Chris. (　　) I you, I would break up with him.
> ① If　② When　③ Were　④ Had　　　　　　　　　　（駒澤大）

この問題は主節の would *do* に着目して「仮定法だ！」と考え，① If を選んでしまう人が多い問題です。確かに仮定法の文ではありますが，それは間違いです。なぜなら，If I you ...とすると動詞がない節になってしまうからです。「仮定法と言えば常に if」というわけではありません。if は省略さ

る場合があります。以下に if が省略される３つの主なパターンを挙げました。まずは，if を省略する場合には S と次の語の順番が入れ替わることを確認しましょう。

if の省略３つのパターン

(1) if S were ... ≒ were S ...
(2) if S had *done* ... ≒ had S *done* ...
(3) if S should *do* ... ≒ should S *do* ...

さらに，３つのパターンを例文と一緒に確認しておきましょう。

例1 <u>Were I you</u>, I would accept the offer.
(= If I were you)
（私があなたなら，その申し出を受け入れるだろうに）

例2 <u>Had I got up earlier</u>, I could have seen the sunrise.
(= If I had got up earlier)
（もっと早く起きていたら，日の出を見られただろうに）

例3 <u>Should it snow</u> tomorrow, the game will be postponed.
(= If it should snow tomorrow)
（万一，明日雪が降れば，試合は延期されるだろう）

例題▶5 に戻ります。if 節の空所の後ろが I you となっていることに着目しましょう。If I were you の if を省略した表現，Were I you が使われていると考えられるため，③ Were が正解です。なお，① If，② When は後ろに SV の形を続ける必要があるため，誤りです。また，④ Had はこのような形がないため，誤りです。

完成文 I know you are angry with Chris. Were I you, I would break up with him.

訳例 あなたがクリスに対して怒っているのはわかる。もし私があなたなら，彼と別れるだろう。

THEME

4

仮定法

if 節の代わりに用いる表現がある

例題 5 で見たように，仮定法の「…ならば」にあたる部分は必ずしも if を使って述べられるわけではありません。if の省略以外にも，if を使わない仮定法があります。それは，文の中の他の語句が if 節と同じように「…ならば」という意味になる場合です。例えば，otherwise「そうでなければ」のように，「…ならば」の意味を含む表現を使って表すこともあるわけです。このような if の代わりに使われている表現に気づくためには，次の 2 つの知識が必要です。

① 「仮定法の文では助動詞の過去形が使われる」
② 「主語や副詞（のカタマリ）が if の代わりに使われることが多い」

助動詞の過去形を見かけたら「仮定法かもしれないな」と考えて，if 節がなければ if 節の代わりに使う表現を探しましょう。それでは，典型的な例文を確認しておきます。

▶ S が if 節の代わりになっている文

例 <u>A British person</u> would pronounce the sound clearly.
（<u>イギリス人なら</u>その音をはっきりと発音するだろう）

▶ 副詞（のカタマリ）が if 節の代わりになっている文

例 <u>To hear him talk</u>, you would think him honest.
（<u>彼が話すのを聞けば</u>，あなたは彼が正直だと思うだろう）

例 The idea would have been accepted <u>100 years ago</u>.
（<u>100 年前なら</u>，その考えは受け入れられただろう）

例 I got up early; <u>otherwise</u> I might have missed the train.
（私は早く起きた。<u>そうでなければ</u>，電車に乗り遅れていたかもしれない）

練習問題を解く前に，仮定法の重要ポイントを再度確認しておきましょう。考えるためには最低限の知識が必要です。ポイントをしっかり押さえ，それを基に思考して解く習慣を身につけましょう。

○ 仮定法の重要ポイント ○

❶仮定法を使う場面と形を理解する

仮定法は想像を述べるときに使います。事実を述べるときに使う直説法（単なる条件の文）と区別しましょう。

❷仮定法過去の形と意味を把握する

If S 過去形 , S would [could / might] *do*

「もし S が（現在・未来）…だったら［…したら］, S は（現在・未来）～するだろうに［～することができるだろう，～するかもしれない］」

❸未来のことを表す表現を把握する

If S were to *do*, S would *do*

「もし S が（未来）…したら，S は～するだろうに」

If S should *do*, S will *do* / 命令文 / S would *do*

「万一 S が（未来）…したら，S は～するだろう［～してください，～するだろうに］」

❹仮定法過去完了の形と意味を把握する

If S had *done*, S would [could / might] have *done*

「もし S が（過去）…していたら，S は（過去）～しただろうに［～することができただろう，～したかもしれない］」

❺if 節と主節の表す時がずれる場合がある

If S had *done*, S would [could / might] *do*

「もし S が（過去）…していたら，S は（現在・未来）～するだろうに［～できるだろうに，～するかもしれない］」

❻if の省略3つのパターンを覚える

(1) if S were ... ≒ were S ...

(2) if S had *done* ... ≒ had S *done* ...

(3) if S should *do* ... ≒ should S *do* ...

次の空所に入れるのに最も適切なものを，選択肢①〜④から選びなさい。

No. 1 LEVEL ★☆☆　　　　　　　　　CHECK ☐☐☐☐

If I had practiced harder, I (　　) so many mistakes during my performance.
　① wouldn't make　　　　　② wouldn't have made
　③ would have made　　　　④ would make　　　　　（明治大）

No. 2 LEVEL ★☆☆　　　　　　　　　CHECK ☐☐☐☐

I would have lent my dictionary to you if I (　　) one, but I didn't.
　① had　　　　　　　　　② have
　③ have had　　　　　　　④ had had　　　　　　（南山大）

No. 3 LEVEL ★☆☆　　　　　　　　　CHECK ☐☐☐☐

If you were to go down that road, it (　　) impossible to turn back.
　① has been　　　　　　　② will be
　③ would have been　　　　④ would be　　　　　（明治大）

No. 4 LEVEL ★★☆　　　　　　　　　CHECK ☐☐☐☐

Conan Doyle wrote, "If I (　　) less cautious I (　　) more wise, but I was
half crazy with fear that you should learn the truth."
　① had been ... might have been　② would be ... might have been
　③ have been ... might be　　　　④ am ... might be　　（慶應義塾大　改）

No. 5 LEVEL ★★☆　　　　　　　　　CHECK ☐☐☐☐

Had I not come across this book in my high school days, I (　　) studying
at this university now.
　① would not be　　　　　② would not have been
　③ am not　　　　　　　　④ was not　　　　　（関西学院大　改）

No. **6** LEVEL ★★☆　　　　　CHECK ☐☐☐☐

I regret every bit of what has happened. Had we discussed it thoroughly beforehand, Jackie（　　） what she did.

① could have done
② will have done
③ would not do
④ wouldn't have done
（明治大）

No. **7** LEVEL ★★★　　　　　CHECK ☐☐☐☐

You might say that I should have taken a stronger stand in the negotiations, but I couldn't afford to maintain that kind of attitude. Otherwise the livelihoods of all the company employees（　　） placed in danger.

① couldn't have been
② should be
③ would have been
④ wouldn't be
（明治大　改）

No. **8** LEVEL ★★★　　　　　CHECK ☐☐☐☐

次の英文の下線部には，文法上取り除かなければならない語が一語ある。該当する語を記せ。

Deep below the ground in California and Wyoming are two huge but silent volcanoes. Scientists believe that, were they to explode, these supervolcanoes would have set off terrible earthquakes and put the western United States under a thick blanket of ash. 　　（東京大　改）

No.1　② wouldn't have made

If I had practiced harder, I (　②　) so many mistakes during my performance.

正解への思考プロセス

(1) If I had practiced harder から，if 節は If S had *done* という仮定法過去完了の形（過去のことについての仮定法）であることを見抜きます。

(2) 主節がいつの話なのかを考えます。「私は演奏中にあれほど多くのミスをしなかっただろうに」のように，主節は過去のことだと考え，ここに否定の意味を持たせれば，if 節の「もっと一生懸命練習していたら」と意味が自然につながります。

(3) 主節は S would [could / might] have *done* の形を使えばいいとわかるため，② wouldn't have made が正解です。

完成文 If I had practiced harder, I wouldn't have made so many mistakes during my performance.

訳 例 もっと一生懸命練習していたら，私は演奏中にあれほど多くのミスをしなかっただろうに。

No.2　④ had had

I would have lent my dictionary to you if I (　④　) one, but I didn't.

正解への思考プロセス

(1) would have lent に着目し，主節は S would [could / might] have *done* という仮定法過去完了の形（過去のことについての仮定法）であることを見抜きます。

(2) if 節がいつの話なのかを考えます。「辞書を持っていたら」のように，if 節を過去のことだと考えれば，主節の「(私の辞書を) あなたに貸しただろう」と意味が自然につながります。

(3) if 節は if S had *done* の形を使えばいいとわかるため，④ had had が正解です。なお，空所の後ろにある one は代名詞で，a dictionary のことです。

〔完成文〕 I would have lent my dictionary to you if I had had one, but I didn't.

〔訳例〕 もし私が辞書を持っていたらあなたに貸しただろうが，持っていなかった。

No.3 ④ would be

If you were to go down that road, it (④) impossible to turn back.

■ 正解への思考プロセス

(1) If you were to go down that road, ...から，If S were to *do*, S would *do*「もし S が（未来）…したら，S は〜するだろうに」の形であることを見抜きます。この表現は書き手（話し手）が起こりそうにないと思っていることについての想像を表します。

(2) 主節は S would *do* の形（仮定法過去）を使えばいいとわかるため，④ would be が正解です。

〔完成文〕 If you were to go down that road, it would be impossible to turn back.

〔訳例〕 もしあの道を進んだら，引き返すことはできないだろう。

No.4 ① had been ... might have been

Conan Doyle wrote, "If I (①) less cautious I (①) more wise, but I was half crazy with fear that you should learn the truth."

■ 正解への思考プロセス

(1) but I was half crazy から，過去についての話であることを見抜きます。

(2) 過去のことについての仮定法であると考え，if S had *done*, S would [could / might] have *done* の形（仮定法過去完了）を用いると，「もし私がそれほど用心深くなかったら，もっと賢明であったかもしれないが…」となり，文全体が自然な意味になります。

(3) if 節は if S had *done*, 主節は S would [could / might] have *done* の形を使えばいいとわかるため，① had been ... might have been が正解です。

*③の have been と④の am はそれぞれ，現在完了形と現在形で，if 節内で
これらを用いると現在や未来のことについての単なる条件を表すため，but
以降が過去のことを述べていると考えられる本問では誤りです。また，②の
would be を空所に入れると if I would be less cautious となりますが，これ
では仮定法の形にできないため，誤りです。

┌────────┐
│ 完成文 │ Conan Doyle wrote, "If I had been less cautious I might
└────────┘ have been more wise, but I was half crazy with fear that
           you should learn the truth."

┌────────┐
│ 訳 例 │ コナン・ドイルは，「もし私がそれほど用心深くなかったら，もっと賢明であっ
└────────┘ たかもしれないが，あなたが真実を知ってしまうのではないかという恐怖で
           私は半ば正気ではなかった」と書いている。

No.5 ① would not be

Had I not come across this book in my high school days, I （ ① ） studying
at this university now.

▶ **正解への思考プロセス**

(1) Had I not come across ... days の部分は，If I had not come across ...
    days の if を省略した形だと考えます（仮定法の if の省略）。
(2) 主節に now とあることから，主節は現在のことを表していると考えます。
(3) If S had *done*, S would [could / might] *do*「もし S が（過去）…していた
    ら，S は（現在・未来）〜するだろうに [〜できるだろうに，〜するかもし
    れない]」の形（if 節と主節の表す時がずれる場合の形）を使えばいいとわ
    かるため，① would not be が正解です。
*② would not have been は，過去のことを表す形であるため，誤りです。

┌────────┐
│ 完成文 │ Had I not come across this book in my high school days, I
└────────┘ would not be studying at this university now.

┌────────┐
│ 訳 例 │ 高校時代にこの本に出会っていなかったら，私は今この大学で学んでい
└────────┘ ないだろう。

No. 6 ④ wouldn't have done

I regret every bit of what has happened. Had we discussed it thoroughly beforehand, Jackie (④) what she did.

┃ 正解への思考プロセス ┃

(1) Had we discussed it thoroughly beforehandの部分は，If we had discussed it thoroughly beforehand の if を省略した形だと考えます（仮定法の if の省略）。

(2) 1 文目の「起こったすべてのことを，私は残念に思っている」という意味から，2 文目は「あのようなこと（彼女が実際にしたこと）をしなかっただろうに」と，過去および否定の意味を含むと考えれば，全体の意味が自然につながります。

(3) If S had *done*, S would [could / might] have *done*「もし S が（過去）…していたら，S は（過去）〜しただろうに［〜することができただろう，〜したかもしれない］」の形（仮定法過去完了）を使えばいいとわかるため，④ wouldn't have done が正解です。

> **完成文** I regret every bit of what has happened. Had we discussed it thoroughly beforehand, Jackie wouldn't have done what she did.

> **訳例** 起こったすべてのことを，私は残念に思っている。私たちがそれについて前もって徹底的に議論していたら，ジャッキーはあのようなこと（彼女がしたこと）をしなかっただろうに。

No. 7 ③ would have been

You might say that I should have taken a stronger stand in the negotiations, but I couldn't afford to maintain that kind of attitude. Otherwise the livelihoods of all the company employees (③) placed in danger.

(1) 仮定法の文で if 節の代わりに用いられる Otherwise「そうでなければ」に
着目します。前文の内容「私にはそのような態度（毅然とした態度）を維持
する余裕がなかった」より，「そうでなければ」＝「毅然とした態度をとっ
ていれば」という意味だとわかります。

(2) 過去のことについての仮定であるため，S would [could / might] have
done の形にします。この時点で，選択肢は① couldn't have been か③
would have been に絞れます。

(3)「毅然とした態度をとっていれば」には，「全従業員の暮らしは危険にさらさ
れていただろう」のような肯定の意味を含むものをつなげれば，全体の意味
が自然につながります。③ would have been が正解です。

> 完成文　You might say that I should have taken a stronger stand
> in the negotiations, but I couldn't afford to maintain
> that kind of attitude. Otherwise the livelihoods of all the
> company employees would have been placed in danger.

> 訳 例　あなたはその交渉で私がもっと毅然とした態度をとるべきだったと言うかも
> しれないが，私にはそのような態度を維持する余裕がなかった。そうでな
> ければ（毅然とした態度をとっていれば），会社の全従業員の暮らしが
> 危険にさらされていただろう。

No.8　have

Deep below the ground in California and Wyoming are two huge but
silent volcanoes. Scientists believe that, were they to explode, these
supervolcanoes would have set off terrible earthquakes and put the
western United States under a thick blanket of ash.

　　　　正解への思考プロセス

(1) were they to explode の部分は，If they were to explode を省略した形だ
と考えます（仮定法の if の省略）。

(2) If S were to *do*, S would *do*「もし S が（未来）…したら，S は〜するだろうに」
は未来のことを表す表現で，書き手（話し手）が起こりそうにないと思って
いることについての想像を表します。主節は，S would *do* の形（仮定法過去）
を用いるため，would have set off の have を取り除くのが正解です。

完成文 Deep below the ground in California and Wyoming are two huge but silent volcanoes. <u>Scientists believe that, were they to explode, these supervolcanoes would set off</u> terrible earthquakes and put the western United States under a thick blanket of ash.

訳 例 カリフォルニアとワイオミングの地下深くに，巨大だが休止している２つの火山がある。科学者は，もしこれらのスーパーボルケーノが噴火すれば，ひどい地震を引き起こし，アメリカ西部一帯が厚い火山灰に覆われるだろうと考えている。

暗記パートでは，仮定法の重要な知識事項を一気に学びます。

それでは，さっそく例題を解いてみましょう。

> **例・題▶** 次の空所に入れるのに最も適切なものを，
> 選択肢①〜④から選びなさい。
>
> (　　) your help, I would not have made it.
> ① It were not for　　② Were it not for
> ③ For it were not　　④ Not it were for 　　　　　　　　（青山学院大）

この問題の正解は，② Were it not for です。それは，「これしか正しい形がないから」です。were it not for A「A がなければ」という慣用表現を知っているかどうかをきいている，ただの知識問題で，思考は不要です。このような問題ばかりを使って英文法を学習していると，時間ばかりかかって効率が悪く，誤りの選択肢を何度も目にすることになり，正しい形がわからなくなって，かえって混乱してしまいます。どのような問題がただの知識問題と言えるのかを説明するために取り上げていますが，誤りの形を記憶してしまわないよう，正解以外の選択肢はなるべく見ないようにしましょう。

> ⟨**完成文**⟩ Were it not for your help, I would not have made it.
> ⟨**訳 例**⟩ あなたの助けがなければ，私は成功しなかっただろう。

このように，英文法・語法の問題の中には，ただ正しい形を覚えているかどうか（＝知識事項）を問う問題も多く出題されます。知識事項は，表と例文を用いて一気に覚えてしまうことで，効率よく身につけることができます。また，そうすることで，テストでも瞬時に答えを選ぶことができるでしょう。

それでは，仮定法の知識事項をまとめた表を確認しましょう。重要な慣用表現を自然な例文とともにチェックしながら，一気に知識の整理をします。ま

た，それぞれの表現で，思考パートで学習した仮定法の形が使われていることを確認しましょう。

【仮定法の重要慣用表現】

No.003

表現	意味	例文
as if S 過去形	まるで S が…する［…である］かのように	He talked confidently **as if** he **knew** everything. （彼は何でも知っているかのように自信ありげに話した）
as if S **had** *done*	まるで S が…したか［…であったか］のように	He was wet to the skin **as if** he **had been caught** in a shower. （彼はにわか雨に降られたかのようにびしょ濡れだった）
I'd rather (that) S 仮定法過去	S が…ならなあ，S が…すればなあ【現在・未来のことについての願望】	**I'd rather** my father **stopped** drinking too much alcohol. （私の父がお酒を飲みすぎるのをやめてくれたらなあ）
I'd rather (that) S 仮定法過去完了	S が…していたらなあ，S が…だったらなあ【過去のことについての願望】	**I'd rather** I **had prepared** more for the test. （もっと試験の準備をしていたらなあ）
if it had not been for ... ≒ **had it not been for ...**	…がなければ，…がなかったら【過去のことについての仮定】	If it had not been for her advice, I would have failed. ≒ Had it not been for her advice, I would have failed. （もし彼女の助言がなかったら，私は失敗していただろうに） If it had not been for the fog, we could have seen the beautiful lake. ≒ Had it not been for the fog, we could have seen the beautiful lake. （霧がなければ，私たちは美しい湖を見ることができただろうに）

THEME

4

仮定法

if it were not for ... ≒ were it not for ...	…がなければ，…がなかったら【現在・未来のことについての仮定】	If it were not for the Internet, things would be inconvenient. ≒ Were it not for the Internet, things would be inconvenient. （インターネットがなければ，あらゆることが不便だろう）
If only S 仮定法過去!	S が…ならなあ，S が…すればなあ【現在・未来のことについての願望】	If only I could speak Italian! （イタリア語が話せたらなあ）
If only S 仮定法過去完了!	S が…していたらなあ，S が…だったらなあ【過去のことについての願望】	If only she had followed my advice! （彼女が私の助言に従ってくれていたらなあ）
It is (about / high) time S 過去形	S が…してもよいころだ	It is time children went to bed. （子どもは寝る時間だ）
I wish (that) S 仮定法過去	S が…ならなあ，S が…すればなあ【現在・未来のことについての願望】	I wish I were rich. （お金持ちだったらなあ） I wish I could travel to space. （宇宙へ旅行に行けたらなあ） I wish she would go to the movie with me tomorrow. （彼女が明日映画に自分と一緒に行ってくれたらなあ）
I wish (that) S 仮定法過去完了	S が…していたらなあ，S が…だったらなあ【過去のことについての願望】	I wish I had studied harder when I was a high school student. （高校生のころ，もっと一生懸命勉強していたらなあ） I wish I could have gone to New York then. （あのときニューヨークに行けていたらなあ）

動名詞と不定詞

動名詞と不定詞

この章では動名詞と不定詞について学習します。**動名詞と不定詞は，ともに動詞が形を変えたもの**です。もともと動詞であったことから，動詞としての性質が残っています。この点を意識しながら，効率的に学習を進めましょう。

---|思考パート|---（Think about it!）

さっそく例題を解いてみましょう。

例題▶1 動名詞の基本的な用法を確認しよう！

次の空所に入れるのに最も適切なものを，選択肢①〜④から選びなさい。
（　　）a foreign language is very important.
① Studied　② Study　③ Studying　④ Studies

この文では，is が V，very important が C のはたらきをしています。そこで，空所を含む（　　）a foreign language 全体が S のはたらき（名詞のはたらき）をしていると考えることができます。名詞のカタマリを作ることができる動名詞の③ Studying が正解です。

> **完成文** Studying a foreign language is very important.
> **訳例** 外国語を勉強することはとても重要だ。

動名詞句の仕組みとはたらき ·········· ──

例題▶1 で見たように，動名詞は文の中で名詞のカタマリ（名詞句）を作るはたらきをします。動名詞とは，動詞が形を変えて名詞として使われるようになったもので，動詞の後ろに目的語を置くのと同様に，動名詞の後ろにその目的語を置くことができます。Studying a foreign language という動名詞句の中をさらに詳しく見てみると，その中では Studying が V，a foreign language が O のはたらきをしています。つまり，**動名詞句は全体**

としては名詞のはたらきをしますが，動名詞は動詞としての性質も残しており，元の動詞が後ろに置いていた目的語や補語を伴って，動名詞句というカタマリを形成しているのです。

［動詞］ ［動名詞］
v study o a foreign language ➡ v studying o a foreign language

これと同じことは，後に学習する不定詞句にも言えます。

［動詞］ ［to 不定詞］
v have o a test ➡ v to have o a test

動名詞のカタマリが全体として名詞のはたらきをするということは，文の中ではSやOやCとしてはたらくということです。例題▶1 では，Sのはたらきをしていますが，他のはたらきも例文で確認しておきましょう。

例1 動名詞のカタマリが O のはたらきをする場合

s She v likes o studying foreign languages.
（彼女は外国語を勉強するのが好きだ）

s He v is c interested <in studying a foreign language>.
（彼は外国語を勉強することに興味を持っている）

＊動名詞句は，to 不定詞句とは異なり，前置詞の O になることもできます。ここでは，studying a foreign language が前置詞 in の目的語になっています。

例2 動名詞のカタマリが C のはたらきをする場合

s My hobby v is c studying foreign languages.
（私の趣味は外国語を勉強することだ）

それではもう1問，問題を解いてみましょう。

例題 2 　動名詞の意味上の主語を見抜こう！

次の空所に入れるのに最も適切なものを，選択肢①〜④から選びなさい。
He was afraid of （　　） out of the bush.
① that a snake would come 　　② a snake came
③ a snake coming 　　　　　　④ coming a snake

設問文と選択肢から，文全体は「彼はヘビがやぶから出てくることを恐れて
いた」という意味になりそうだとわかります。空所の前に前置詞 of がある
ため，その後ろには名詞が来ると考え，動名詞句を入れます。③ a snake
coming が正解です。① that a snake would come と② a snake came
は，前置詞 of の後ろに SV を置く形になるため，誤りです。④ coming a
snake は，come a snake という形がないため，誤りです。

> **完成文** He was afraid of a snake coming out of the bush.
> **訳例** 彼はヘビがやぶから出てくることを恐れていた。

例題 2 のポイントは，a snake が動名詞 coming の S のはたらきをして
いる点です。このような S のことを**動名詞の意味上の主語**と言います。動
名詞はもともと動詞ですから，常に S があるはずです。しかし，動名詞の
意味上の主語は置かれないことも多いのです。次の例文を見てください。

> **例1** I've just finished <u>washing</u> the dishes.
> （私はちょうど皿を洗い終えた）
> **例2** <u>Using</u> a smartphone has become common in Japan.
> （スマートフォンを使うことは日本で一般的になった）

上の2つの例文では，動名詞の意味上の主語が置かれていません。**例1** で
使われている動名詞 washing の意味上の主語は，文の主語である I と同じ
です。また，**例2** で使われている動名詞 Using の意味上の主語は，一般的
な人々です。このように，**動名詞の意味上の主語は，①文の主語と一致する**

場合，②わかりきっているためわざわざ言う必要がないような場合には置きません。これは，後に学習する to 不定詞句の場合も同様です。

動名詞の意味上の主語を置く必要がある場合

それでは，動名詞の意味上の主語を置く場合には，どのようなルールがあるのでしょうか。まずは次の例文を確認してください。

> **例1** I'm proud of being a member of the team.
> （私はそのチームのメンバーであることを誇りに思っている）
>
> **例2** I'm proud of <u>my daughter [my daughter's]</u> being a member of the team.
> （私は娘がそのチームのメンバーであることを誇りに思っている）
>
> **例3** I'm proud of <u>him [his]</u> being a member of the team.
> （私は彼がそのチームのメンバーであることを誇りに思っている）

例1 ～ **例3** にはすべて，being a member of the team という動名詞句が使われています。**例1** の動名詞の意味上の主語は「私」であり，文の主語と一致するため，書かれていません。これに対して，**文の主語とは異なるものを動名詞の意味上の主語にしたいときは，A [A's] *doing* の形で表します**。**例2** では名詞 my daughter [my daughter's] を，**例3** では him（目的格）[his（所有格）] を動名詞句の直前に置くことによって，動名詞の意味上の主語を表しています。

動名詞句の否定

ここで，動名詞句の否定の表し方を確認しておきましょう。**動名詞句の否定は，否定語 not や never を動名詞句の前に置く**ことによって表します。

> **例** Bob was proud of <u>not</u> being late for school.
> （ボブは学校に遅刻しないことを誇りに思っていた）

例題▶3 完了動名詞を使う場面を理解しよう！

次の空所に入れるのに最も適切なものを，選択肢①〜④から選びなさい。
She complains about （　　） as a child.
① being scolded　　② scolding
③ having scolded　　④ having been scolded

これは前置詞 about の後ろに来る動名詞句を選ぶ問題です。動名詞の意味上の主語は置かれていないため，「彼女」だと考えられます。文全体の意味は，「彼女は子どものころ怒られたことについて不満を述べている」とすると自然ですから，空所には be scolded という受け身の形を動名詞句にしたものが入ると考えられます（選択肢は① being scolded か④ having been scolded に絞れます）。ここで，文の動詞に着目すると，complains が現在形であることから，「不満を述べている」のは普段のことだとわかります。しかし，as a child「子どものころ」からもわかるように，「叱られた」のは過去のことです。このように，**「文の動詞が表す時」と「動名詞句が表す時」との間に時間のずれがある場合は，完了動名詞 having *done* の形を使います**。④ having been scolded が正解です。

（完成文） She complains about having been scolded as a child.
（訳例） 彼女は子どものころ怒られたことについて不満を述べている。

完了動名詞の形は，受け身がからむとさらに複雑になります。次の表で形をざっと確認しておきましょう。

	動名詞	完了動名詞
能動（する）	*doing*	having *done*＊
受動（される）	being *done*	having been *done*

＊ having *done* は have *done* という能動態を動名詞にしたものですから，能動の意味を持ちます。受け身の意味でとらえてしまう人が多いところなので，注意が必要です。

続いて，不定詞についても学習しましょう。

例題▶4	to 不定詞の基本的な用法を確認しよう！

次の空所に入れるのに最も適切なものを，選択肢①〜④から選びなさい。

His dream is （　　　） an astronaut.

① to become　② become　③ becomes　④ became

この文では，His dream が S，is が V のはたらきをしています。後ろには C になるものが続くと考えられ，文全体の意味は，「彼の夢は宇宙飛行士になることだ」となりそうです。そこで，「…すること」という意味のカタマリを作ることができる to 不定詞を入れます。① to become が正解です。

〈完成文〉 His dream is to become an astronaut.

〈訳例〉 彼の夢は宇宙飛行士になることだ。

to 不定詞句のはたらき

まずは，to 不定詞句の基本的なはたらきについて復習をしておきましょう。to 不定詞句の主なはたらきは次の3つです。なお，多くの to 不定詞句が次のように分類できますが，実際にはいずれにも分類できないような用法もあります。そのつど使い方を確認していきましょう。

	文中でのはたらき	主な意味
名詞用法	名詞句としてはたらく （S，O*，C になる）	…すること
形容詞用法	形容詞句としてはたらく （C になる，名詞を後置修飾する）	…する，…するための， …すべき
副詞用法	副詞句としてはたらく	…するために（目的）， その結果…する（結果）

＊動名詞句とは異なり，前置詞の O（目的語）にはなりません。

to 不定詞句の意味上の主語

to 不定詞句の意味上の主語は，動名詞句の意味上の主語と同じように考えることができます。つまり，**①文の主語と一致する場合，②わかりきっているためわざわざ言う必要がないような場合には置きません**。意味上の主語を**明示する場合は for A を to 不定詞句の直前に置く（for A to do の形で表す）**と覚えておきましょう。

> 例 The teacher spoke slowly enough <u>for the students</u> to follow her.
> （その教師は，学生たちが彼女の言っていることを理解できるよう，ゆっくりと話した）

to 不定詞句の否定

to 不定詞句の否定は，to 不定詞の直前に not を置くことで表します。

> 例 Bob tried <u>not</u> to say anything.
> （ボブは何も言わないようにした）

例題▶ 5 　完了不定詞を使う場面を理解しよう！

次の空所に入れるのに最も適切なものを，選択肢①〜④から選びなさい。
The phrase "fair play" is said (　　) by Shakespeare.
① being invented 　　② having invented
③ to have invented 　　④ to have been invented 　　　　（岩手医科大）

この問題は，be said to do「…すると言われている」という表現が使われていると考えられ（to 不定詞を用いた③ to have invented か④ to have been invented が正解の候補になります），文全体の意味は，「『フェアプレー』というフレーズはシェイクスピアによって考案されたと言われている」とすると自然です。文の動詞 is said が現在形であることから，「言われている」のは現在のことだとわかりますが，「考案された」のは過去のことで

す。このように，**「文の動詞が表す時」**と**「to 不定詞句が表す時」**との間に
時間のずれがある場合は，完了不定詞 to have *done* の形を使います。④
to have been invented が正解です。

> （完成文）The phrase "fair play" is said to have been invented by
> Shakespeare.
> （訳例）「フェアプレー」というフレーズはシェイクスピアによって考案されたと言われ
> ている。

完了不定詞の形を表で確認しておきましょう。

	不定詞	完了不定詞
能動（する）	to *do*	to have *done*
受動（される）	to be *done*	to have been *done*

例題▶6 to 不定詞と原形不定詞を区別しよう！

次の空所に入れるのに最も適切なものを，選択肢①～④から選びなさい。
It is not easy to (　　) children to study when they are playing video
games.
① let　② make　③ have　④ get　　　　　　　　　　　（慶應義塾大）

この問題では，空所直後の children は空所に入る動詞の目的語であると考
えられます。そこで，to study という to 不定詞に着目します。O to *do* の
形を後続させるのは，選択肢の中では get だけですから，④ get が正解です。
get O to *do* は「（説得・努力して）O に…させる」という意味です。

> （完成文）It is not easy to get children to study when they are playing
> video games.
> （訳例）子どもがテレビゲームをしているときに勉強させるのは簡単なことではない。

不定詞と呼ばれるのは to 不定詞だけではありません。to 不定詞と同じように カタマリを作る，動詞の原形を用いた不定詞（原形不定詞）もあります。 to 不定詞句の to が取れたものというイメージを持っておくといいでしょ う。原形不定詞は使われる場面が限られています。その１つが，「させる」 という意味を持つ使役動詞 make，let，have を使う場面です。また，see， hear，feel といった知覚動詞でも原形不定詞を用いることがあります。

【使役動詞で原形不定詞を使う場合】
(1) make O *do* 「O に…させる」

> **例1** Tina <u>made Dylan wash</u> the dishes.
> 　　（ティナはディランに皿を洗わせた）
> **例2** Tina's pleasant stories <u>makes Dylan laugh</u>.
> 　　（ティナの楽しい話はディランを笑わせる）
> **例3** Dylan <u>was made to wash</u> the dishes by Tina.
> 　　（ディランはティナによって皿を洗わされた）

基本的には，強制的に何かをさせるときに使いますが，物や事が主語の場合 には，強制の意味を持たないこともあります。**例3** では，受動態の形を確 認しておきましょう。be made to *do* の形になることに注意が必要です。

(2) let O *do* 「O に…させる」

> **例** Tina <u>let her dog run</u> in the field.
> 　　（ティナは原っぱで犬を走らせた）

許容して自由にさせるようなときに使います。

(3) have O *do* 「O に…させる，…してもらう」

> **例** Tina <u>had the mechanic repair</u> her car.
> 　　（ティナは機械工に車を修理してもらった）

業者や上下関係など，依頼したらやってもらえる関係があるときに使います。

参考 get O to *do*「O に…させる」は，説得・努力してさせるようなとき
に使います。上の3つとは異なり，to 不定詞を用いる点に注意が必要です。

> **例** Tina got her father to quit smoking.
>   （ティナは父にたばこをやめさせた）

【知覚動詞で原形不定詞を使う場合】

（1）see O *do*「O が…するのを見る」（受動態は be seen to *do* の形）

> **例** Tina saw a cat enter the room.
>   （ティナはネコが部屋に入るのを見た）
>
> **例** The cat was seen to enter the room.
>   （そのネコは部屋に入るのを見られた）

（2）hear O *do*「O が…するのを聞く」（受動態は be heard to *do* の形）

> **例** Tina heard a woman sing a song.
>   （ティナは女性が歌を歌うのを聞いた）
>
> **例** The woman was heard to sing a song.
>   （その女性は歌を歌っているのを聞かれた）

（3）feel O *do*「O が…するのを感じる」（受動態は be felt to *do* の形）

> **例** Tina felt the ground shake like a boat.
>   （ティナは地面がボートのように揺れるのを感じた）
>
> **例** The ground was felt to shake like a boat.
>   （地面がボートのように揺れるのが感じられた）

以上が典型的な原形不定詞の使い方です。これ以外の重要表現は，暗記パー
トで一気に覚えてしまいましょう。

○動名詞・不定詞の重要ポイント○

❶動名詞と不定詞が持つ共通の性質を理解する

動名詞と不定詞は，ともに動詞が形を変えたものです。そのため，動詞としての性質が残っており，動詞の場合と同じく，動名詞・不定詞の意味上の主語や目的語，補語が存在します。

❷動名詞句のはたらきを押さえる

動名詞句は全体としては名詞のはたらきをします（文の中でSやOやCとしてはたらきます）。動名詞の意味上の主語は，①文の主語と一致する場合，②わかりきっているためわざわざ言う必要がないような場合には置きません。意味上の主語を明示する場合は，A [A's] *doing* の形で表します。

❸動名詞句の否定と完了動名詞の形を押さえる

動名詞句の否定は，否定語 not や never を動名詞句の前に置くことによって表します。また，「文の動詞が表す時」と「動名詞句が表す時」との間に時間のずれがある場合は，完了動名詞 having *done* の形を使います（受け身の形は having been *done*）。

❹ to 不定詞句のはたらきを押さえる

基本的なはたらきは，名詞用法・形容詞用法・副詞用法の3つです。to 不定詞句の意味上の主語は，①文の主語と一致する場合，②わかりきっているためわざわざ言う必要がないような場合には置きません。意味上の主語を明示する場合は，for A to *do* の形で表します。

❺ to 不定詞句の否定と完了不定詞の形を押さえる

to 不定詞句の否定は，to 不定詞の直前に not を置くことで表します。また，「文の動詞が表す時」と「to 不定詞句が表す時」との間に時間のずれがある場合は，完了不定詞 to have *done* の形を使います（受け身の形は to have been *done*）。

❻原形不定詞が使われる場面を押さえる

原形不定詞は使われる場面が限られています。使役動詞 make，let，have や知覚動詞 see，hear，feel で使われる形を確認しておきましょう。

Try it out! 練習問題

次の空所に入れるのに最も適切なものを，選択肢①〜④から選びなさい。

No. 1　LEVEL ★☆☆　　　　　　　　　CHECK ☐☐☐☐

I definitely saw my brother （　　） hand in hand with your sister.
- ① having walked
- ② to have walked
- ③ to walk
- ④ walk　　　　　　　　　（上智大）

No. 2　LEVEL ★★☆　　　　　　　　　CHECK ☐☐☐☐

Bob should have been （　　） do such a silly thing as this.
- ① careful enough not to
- ② enough careful to not
- ③ careful not enough to
- ④ not enough careful to　　　（北里大）

No. 3　LEVEL ★★★　　　　　　　　　CHECK ☐☐☐☐

Several factors led to the workers （　　） stress at work.
- ① being experienced
- ② experienced
- ③ experiencing
- ④ have experienced　　　（立命館大　改）

No. 4　LEVEL ★★★　　　　　　　　　CHECK ☐☐☐☐

He was sorry for （　　） everyone waiting.
- ① being keeping
- ② making
- ③ having to make
- ④ having kept　　　　　（明治大　改）

No. 5　LEVEL ★★★　　　　　　　　　CHECK ☐☐☐☐

The man is said to （　　） the crime before his arrest, but during his trial he pleaded innocent.
- ① confess to
- ② had confessed over
- ③ have confessed to
- ④ having confessed over　　　（立教大　改）

No. 6 LEVEL ★★☆   CHECK ☐☐☐☐

誤りの箇所を選びなさい。

①Understanding the distribution ②and population size of organisms ③help scientists ④evaluate the health of the environment.　（上智大）

No. 7 LEVEL ★★☆   CHECK ☐☐☐☐

誤りの箇所を選びなさい。

①That he ②was never heard ③say 'thank you' in his entire life ④is just unbelievable.　（上智大）

No. 8 LEVEL ★★☆   CHECK ☐☐☐☐

日本語の文に合うように，（　　）内の語を並べ替えなさい。

人は創造的になるとすばらしい考えを生むことがある。

Letting（ be / can / creative / great / lead / people / to ）ideas.　（立命館大）

No.1　④ walk

I definitely saw my brother （　④　） hand in hand with your sister.

正解への思考プロセス

(1) 知覚動詞 saw と直後の my brother に着目します。

(2) see O *do*「O が…するのを見る」という原形不定詞を用いた形を使うことを見抜きます。④ walk が正解です。

＊② to have walked と③ to walk は，see O to *do* という形では「O が…するのを見る」という意味を表すことができないため，誤りです。また，① having walked は，see O *doing*「O が…しているのを見る」という形自体はありますが，完了分詞の形を使うのは不自然であるため，誤りです。ここは walking であれば正解です。

完成文　I definitely saw my brother walk hand in hand with your sister.

訳例　私の弟［兄］とあなたの妹［姉］が手をつないで歩くのを私は確かに見た。

No.2　① careful enough not to

Bob should have been （　①　） do such a silly thing as this.

正解への思考プロセス

(1) enough を形容詞や副詞とともに用いるときは，形容詞［副詞］... + enough (for A) to *do*「(A が) 〜するのに十分なくらい…」という語順になります（ここで，選択肢② enough careful to not と④ not enough careful to は消去できます）。

(2) to 不定詞句の否定は，to 不定詞の直前に not を置くことで表します（not to *do* の形で表します）。全体としては，形容詞［副詞］... + enough (for A) not to *do*「(A が) 〜しないのに十分なくらい…」が正しい表現ですから，この形をした① careful enough not to が正解です。

完成文 Bob should have been careful enough not to do such a silly thing as this.

訳例 ボブは，このような愚かなことをしないよう［しないのに十分なくらい］注意すべきだった。

No.3 ③ experiencing

Several factors led to the workers （ ③ ） stress at work.

正解への思考プロセス

(1) この文の V は led であり，lead to ...「…につながる」という表現が用いられていることに着目します。また，ここでの to は前置詞であり，名詞（句）を後続させることを見抜きます。

(2) そこで，空所に動名詞 experiencing を入れてみます。すると，experiencing stress at work「仕事においてストレスを感じること」という動名詞句を作ることができます。

(3) 空所の直前にある the workers を動名詞の意味上の主語と考えると，the workers experiencing stress at work「労働者たちが仕事においてストレスを感じること」という動名詞句ができあがるため，③ experiencing が正解です。

＊② experienced と④ have experienced は，前置詞 to の後ろに S V を後続させることになるため，誤りです。また，① being experienced は受動態の形ですが，being experienced stress のように，be experienced ＋名詞という形の受動態にはならないため，誤りです。

完成文 Several factors led to the workers experiencing stress at work.

訳例 いくつかの要因が，労働者たちが仕事においてストレスを感じることにつながった。

No.4 ④ having kept

He was sorry for （ ④ ） everyone waiting.

▶ 正解への思考プロセス

(1) 設問文と選択肢から，文全体は「彼は全員を待たせて申し訳ないと思った」
という意味になりそうです。

(2) 空所の直後の everyone と waiting には「全員」が「待っている」という
能動関係があることをつかみ，この形で使える動詞を考えます。

(3) 選択肢の中では keep O *doing*「O が…している状態を保つ（O に…させる）」
が使えそうです。「待たせた」のは，文の V である was の表す時よりもさ
らに前のことであるため（「文の動詞が表す時」と「動名詞句が表す時」と
の間に時間のずれがあるため），完了動名詞 having *done* の形を使います。
④ having kept が正解です。

＊使役動詞の make は make O *do* の形で用いられるのが正しい形です。②
making と③ having to make は，make O *doing* というありえない形になっ
てしまうため，誤りです。① being keeping は，このような形がないため，
誤りです。

▶ **完成文** He was sorry for having kept everyone waiting.
▶ **訳 例** 彼は全員を待たせて申し訳ないと思った。

No.5 ③ have confessed to

The man is said to （ ③ ） the crime before his arrest, but during his trial
he pleaded innocent.

▶ 正解への思考プロセス

(1) be said to *do*「…すると言われている」という表現が使われていると考え
られます（ここで，選択肢② had confessed over と④ having confessed
over は消去できます）。

(2) 文全体は，「逮捕前，その男性は犯行を自供したと言われているが，裁判では，
彼は無罪を主張した」という意味になりそうです。

(3) 文の V である is said が現在のことを表しているのに対し，to 不定詞句は
それよりも前のことだとわかるため（「文の動詞が表す時」と「to 不定詞句
が表す時」との間に時間のずれがあるため），完了不定詞 to have *done* の

形を使います。③ have confessed to が正解です。

> 【完成文】 The man is said to have confessed to the crime before his arrest, but during his trial he pleaded innocent.
> 【訳 例】 逮捕前，その男性は犯行を自供したと言われているが，裁判では，彼は無罪を主張した。

No. 6

①Understanding the distribution ②and population size of organisms ③×help scientists ④evaluate the health of the environment.

正解への思考プロセス

(1) 文が Understanding で始まっていることから，動名詞句を主語とする文か，分詞構文であると考えられます。

(2) and によって distribution と population size がつながれており，Understanding ... organisms が句だと判断できます。また，句の直後に help という V があるため，Understanding ... organisms は S としてはたらく動名詞句だとわかります。

(3) 動名詞句は常に 3 人称単数ですから，V は 3 単現の s をつけて helps とする必要があります。よって，誤りは③ help の部分です。

＊ help O (to) do で「O が…するのに役立つ」という意味の表現ですから，④ evaluate は正しい形です。

> 【完成文】 Understanding the distribution and population size of organisms helps scientists evaluate the health of the environment.
> 【訳 例】 生物の分布と個体数を理解することは，科学者が環境の健全さを評価するのに役立つ。

①That he ②was never heard ③×say 'thank you' in his entire life ④is just unbelievable.

 正解への思考プロセス

(1) 文頭の That は直後に S V ...が続いていることから接続詞であると考え，That ... life という節全体がこの文の S であることを見抜きます。

(2) that 節内では，知覚動詞 hear の受動態が使われています。知覚動詞 hear を用いた hear O *do*「O が…するのを聞く」の受動態は be heard to *do*「…するのを聞かれる」ですから，誤りは③ say の部分です。

＊S である that 節は 3 人称単数ですから，④ is は正しい形です。

 完成文　That he was never heard to say 'thank you' in his entire life is just unbelievable.

訳例　彼が生涯で一度も「ありがとう」と言うところを聞かれたことがないというのは，まったく信じられない。

人は創造的になるとすばらしい考えを生むことがある。

Letting (be / can / creative / great / lead / people / to) ideas.

 正解への思考プロセス

(1) Letting が文頭にあるため，動名詞句「…すること」を S にした文ではないかと考えます。また，日本語の文と与えられた語より，V は can lead であると考えられます。

(2) 与えられた日本語の文は「人々を創造的にさせることは，すばらしい考えへとつながる可能性がある」と言い換えることができるため，let O *do*「O に…させる」の形を使います。

完成文　Letting people be creative can lead to great ideas.
訳例　人は創造的になるとすばらしい考えを生むことがある。

┤暗記パート├─ （Memorize it!）

暗記パートでは，動名詞・不定詞の重要な知識事項を一気に学びます。

それでは，さっそく例題を解いてみましょう。

例-題➡　次の空所に入れるのに最も適切なものを，
　　　　選択肢①〜④から選びなさい。

She doesn't mind leaving at six o'clock in the morning. She （　　） up
early.
① used to getting 　　 ② was used to get
③ is used to get 　　　 ④ is used to getting 　　　　　（関西学院大）

この問題の正解は，④ is used to getting です。be used to A は「A に慣
れている」という意味の表現です。この to は前置詞ですから，A の位置に
は名詞か動名詞句がきます。to があると，後ろに動詞の原形を入れたくな
る人もいるかもしれませんが，ここは知識として押さえておく必要がありま
す。

〈完成文〉 She doesn't mind leaving at six o'clock in the morning. She is
　　　　 used to getting up early.
〈訳 例〉 彼女は朝 6 時に出発することが気にならない。彼女は早く起きるのに慣れて
　　　　 いる。

このように，to の後ろに動名詞を置くのか，それとも動詞の原形を置くの
かは試験でも頻出の事項です。特に「前置詞 to とともに用いられているた
めに後ろに動名詞を置く（do ではなく doing を置く）必要がある表現」を
中心に整理しておくと，効率的に覚えられます。次の表で確認しておきましょ
う。

【前置詞 to とともに用いられているために後ろに動名詞を置く表現】

表現	意味
be accustomed to *doing*	…することに慣れている
be opposed to *doing*	…することに反対する
be used to *doing*	…することに慣れている
devote A to *doing*	Aを…することに捧げる
devote *oneself* to *doing*	…することに身を捧げる
get accustomed to *doing*	…することに慣れる
get used to *doing*	…することに慣れる
object to *doing*	…することに反対する
with a view to *doing*	…することを目的として

O に何をとるかが問題となる動詞

次の例文を見てください。

> **例** He likes <u>taking</u> walks.（彼は散歩に行くのが好きだ）
>
> **例** He likes <u>to take</u> walks.（彼は散歩に行くのが好きだ）

このように，like という動詞は O として *doing* を置くこともできますし，to *do* を置くこともできます。しかも，2 文の間にそれほど大きな意味の違いはないと考えられます。

ところが，O としてどちらか一方しか置けない動詞も存在します。例えば，enjoy という動詞は *doing* を O にとれますが，to *do* は O にとれません。

このように，後ろにとれる O の形は動詞によって決まっています。動詞ごとに覚えておく必要がありますが，ただやみくもに覚えるのではなく，整理しながら覚えておくといいでしょう。後ろに来る O の形が問題になる動詞には，次の 3 パターンが存在します。

[パターン1] O に to do をとらず，*doing* をとる動詞
[パターン2] O に *doing* をとらず，to do をとる動詞
[パターン3] O が *doing* か to do かで意味が異なる動詞

それぞれのパターンにあてはまる動詞について，表で確認していきましょう。その際は，次のようなイメージを持って眺めると覚えやすくなるはずです。

[パターン1] の動詞は「過去のこと」や「現在のこと」を表す場合が多い。
[パターン2] の動詞は「未来のこと」を表す場合が多い。
[パターン3] の動詞は，*doing* は「…したことを」と過去のことを表し，to do は「…することを」と未来のことを表す場合が多い。

【O に to do をとらず，*doing* をとる動詞】

動詞	意味
admit *doing*	…したことを認める
avoid *doing*	…することを避ける
consider *doing*	…しようかと考える
deny *doing*	…することを否定する
dislike *doing*	…するのを嫌う
enjoy *doing*	…するのを楽しむ
escape *doing*	…するのを免れる
finish *doing*	…するのを終える

give up *doing*	…するのをあきらめる，…するのをやめる
imagine *doing*	…することを想像する
mind *doing*	…するのを気にする，…するのを嫌がる
miss *doing*	…しそこなう
postpone *doing*	…するのを延期する
practice *doing*	…するのを練習する
put off *doing*	…するのを延期する
quit *doing*	…するのをやめる
resist *doing*	…することに抵抗する
stop *doing*	…するのをやめる
suggest *doing*	…することを提案する

＊過去のことや現在の事柄にどう対処するかといった動詞が多いグループです。やめたり，避けたりといった消極的な意味を持つものが多いと言えます。

【O に *doing* をとらず，*to do* をとる動詞】

動詞	意味
afford to *do*	…する余裕がある
agree to *do*	…することに同意する
decide to *do*	…することを決める
desire to *do*	…したいと思う
expect to *do*	…するつもりである
fail to *do*	…しない，…できない
hesitate to *do*	…することをためらう

hope to *do*	…したいと思う
manage to *do*	どうにかして…する
learn to *do*	…するようになる
offer to *do*	…することを申し出る
pretend to *do*	…するふりをする
promise to *do*	…することを約束する
refuse to *do*	…することを断る
seek to *do*	…しようと努める
wish to *do*	…したいと思う

＊未来に向かい，何かをしようという意欲や意図を表す動詞が多いグループ
です。

【O が *doing* か to *do* かで意味が異なる動詞】

表現と意味	例文
▶ **forget** *doing* 「…したことを忘れる」 ▶ **forget to** *do* 「…することを忘れる」	I'll never forget seeing Mt. Fuji. （私は富士山を見たことを決して忘れないだろう） I forgot to bring an umbrella. （私は傘を持ってくるのを忘れた）
▶ **remember** *doing* 「…したことを覚えている」 ▶ **remember to** *do* 「…することを覚えている」	I remember visiting the stadium. （そのスタジアムを訪れたことを覚えている） Remember to post the letter. （手紙をポストに出すことを覚えていてください）
▶ **regret** *doing* 「…したことを残念に思う」 ▶ **regret to** *do* 「残念ながら…する，…するのを 残念に思う」	I regret eating too much yesterday. （私は昨日食べ過ぎたことを残念に思う） I regret to inform you that your flight has been canceled. （残念ながら，あなたのフライトが欠航になったことをお伝え しなければなりません）

＊このグループの動詞は，*doing* の場合は「何かを**したことを**…する」という意味に，to *do* の場合は「何かを**すること**を…する」という意味になると覚えておけば OK です。

try *doing*「試しに…してみる」や try to *do*「…しようとする」の表現も頻出です。合わせて確認しておきましょう。

> 例 I tried <u>calling</u> him.（私は彼に，試しに電話をかけてみた）
> ＊過去形の場合，実際にかけてみたことになります。
> 例 I tried <u>to call</u> him.（私は彼に，電話をかけようとした）
> ＊過去形の場合，かけようとしたが実際にはかけなかったことになります。

(その他の重要表現) ……… ▬▬▬▬▬▬▬▬

次に，動名詞と to 不定詞を用いた重要表現や頻出表現を確認しておきましょう。これらの表現は，表をただ眺めるというよりは，例文を見て使い方を確認しながら覚えていくのが効果的です。1 つずつ確認していきましょう。

【動名詞を用いた重要表現】

表現と意味	例文
▶ **be busy (in)** *doing* 「…するのに忙しい」	The kitten is always **busy chasing** something. （その子猫はいつも何かを追いかけるのに忙しい）
▶ **be worth** *doing* 「…する価値がある」	Planting trees **is worth doing** for the future. （木を植えることは，将来のためにやる価値のあることだ）
▶ **by** *doing* 「…することによって，…することで」	You'll learn to speak English **by practicing** every day. （毎日練習することで，あなたは英語を話せるようになるだろう）

▶ cannot help *doing* (*❶) 「…せずにはいられない」	She **couldn't help laughing** when she heard the joke. (そのジョークを聞いたとき,彼女は笑わずにはいられなかった)
▶ feel like *doing* 「…したいと思う」	It's very hot! I **feel like swimming** in the pool. (とても暑いなあ！ プールで泳ぎたいよ)
▶ for the purpose of *doing* (*❷) 「…することを目的として」	He saves money **for the purpose of studying** in America. (アメリカに留学するために彼はお金を貯めている)
▶ have difficulty [trouble / a hard time] (in) *doing* 「…するのに苦労する」	The cactus **has difficulty growing** in rainy climates. (サボテンは雨の多い気候では育ちにくい)
▶ in *doing* 「…するとき,…するうえで」	**In completing** a jigsaw puzzle, the key is patience. (ジグソーパズルを完成させる際,重要なのは忍耐力だ)
▶ It goes without saying that S V ... 「…は言うまでもない」	**It goes without saying that** penguins can't fly. (言うまでもなく,ペンギンは飛べない)
▶ It is no use [good] *doing* 「…しても無駄だ」	**It is no use trying** to get your cat to take a shower. (あなたのネコにシャワーを浴びさせようとしても無駄だ)
▶ look forward to *doing* 「…するのを楽しみに待つ」	I'm **looking forward to visiting** Tokyo next month. (私は来月,東京を訪れるのを楽しみにしている)
▶ need *doing* (*❸) 「…される必要がある」	This air conditioner **needs repairing**. (このエアコンは修理が必要だ)
▶ of A's own *doing* 「A が自分で…した」	He writes about a world **of his own making**. (彼は自分で作った世界について書いている)

▶ on *doing* 「…するとすぐに」	On seeing the lion, the zebra ran away quickly. (ライオンを見ると, シマウマは素早く走り去った)
▶ spend A (in) *doing* 「…するのに A（時間・お金）を費やす」	She spent the whole day studying for the next exam. (彼女は丸 1 日, 次の試験の準備をして過ごした)
▶ There is no *doing* 「…できない」	There is no telling what will happen in even five minutes from now. (5 分後でさえも何が起こるのかはわからない)
▶ There is no point [sense / use] (in) *doing* 「…しても無駄だ」	There is no point watering a dead flower. (枯れた花に水をやっても無駄だ)
▶ What [How] about *doing*? 「…してはどうですか」	What about taking a rest? (休憩をしてはどうですか)

【POINTS】

＊**❶**：ここでの help は「…を避ける」という意味で使われています。

＊**❷**：with a view to *doing* も同様の表現です。

＊**❸**：need to be *done* と同様の意味です。

【to 不定詞を用いた重要表現】

No.006

表現と意味	例文
▶ go on to *do*（＊**❶**） 「続けて…する」	After finishing her homework, she went on to practice the piano. (宿題を終えた後, 彼女は続けてピアノを練習した)
▶ have no choice but to *do*（＊**❷**） 「…するほかない」	I have no choice but to finish the report by tomorrow morning. (私は明日の朝までにレポートを仕上げるほかない)
▶ in order to *do* 「…するために」	The bear stores fat in order to survive the long winter. (クマは長い冬を生き延びるために脂肪を蓄える)

▶ needless to say 「言うまでもなく」	Needless to say, moderate exercise is good for your health. (言うまでもなく，適度な運動は健康によい)
▶ not to mention A（*❸） 「A は言うまでもなく」	Traveling takes too much time, **not to mention** too much money. (とてもたくさんのお金がかかることは言うまでもなく，旅はとてもたくさんの時間を使う)
▶ A not to say B（*❹） 「B とは言わないまでも A」	The weather was cool, **not to say** cold. (天候は，寒いとは言わないまでも涼しかった)
▶ so as to *do* 「…するために」	He woke up early **so as to** catch the first train. (彼は始発電車に乗るために早く起きた)
▶ so to speak（*❺） 「言わば，言ってみれば」	She's a peacock, **so to speak**, since she often wears bright colors to stand out in a crowd. (彼女は言わばクジャクだ。というのも，よく派手な色を身につけて，人ごみで目立っているからだ)
▶ so ... as to *do* 「～するほど…，とても…なので～する」	The dog was **so** happy **as to** wag its tail. (その犬はとてもうれしかったので，しっぽを振った)
▶ strange to say 「奇妙なことに」	Strange to say, this plant grows better with less water. (奇妙なことに，この植物は水が少ないほうがよく育つ)
▶ to be brief（*❻） 「手短に言えば」	To be brief, the project was a complete success. (手短に言えば，計画は大成功だった)
▶ to be frank with you （*❼） 「率直に言うと」	To be frank with you, you should reconsider your travel plans. (率直に言うと，あなたは旅行計画を見直したほうがよい)
▶ to be honest 「正直に言うと」	To be honest, I prefer cats to dogs. (正直に言うと，私は犬よりネコのほうが好きだ)

▶ to be sure 「確かに」	To be sure, the cheetah runs fast, but it lacks endurance. (確かに, チーターは速く走るが, 持久力がない)
▶ to begin with 「まず最初に」	To begin with, we have to clarify the whole picture of the plan. (まず最初に, 私たちはその計画の全体像を明らかにしなければならない)
▶ to make matters worse 「さらに悪いことに」	To make matters worse, he was stung by a bee. (さらに悪いことに, 彼はハチに刺された)
▶ to put it another way 「別の言い方をすると」	The Amazon rainforest is often called the lungs of the world. To put it another way, it plays an important part in supplying oxygen on earth. (アマゾンの熱帯雨林はよく世界の肺と呼ばれる。別の言い方をすると, それは地球上で酸素の供給において重要な役割を果たしているということだ)
▶ too ... to do 「とても…なので～できない (しない), ～できないくらい…」	The music was too loud for her to concentrate on her studies. (音楽がとても大きかったので, 彼女は勉強に集中できなかった)
▶ ... enough to do （*❽） 「～するほど…」	She was lucky enough to sit on a seat in the crowded train. (彼女は混雑した電車で席に座れるほど運がよかった)

【POINTS】

* ❶：She went on playing the piano until five. 「彼女は 5 時までピアノを弾き続けた」のような, go on *doing*「…し続ける」を用いた表現との区別が重要です。
* ❷：choice は「選択肢」, but A は「A 以外の」の意味です。
* ❸：needless to say とは異なり, mention の後ろには名詞を置くことに注意が必要です。また, to say nothing of A や not to speak of A も同様の表現です。
* ❹：B には A よりも程度が大きいものがきます。
* ❺：文中で, 挿入句の形で使われることがよくあります。
* ❻：to make a long story short も同様の表現です。
* ❼：to tell the truth も同様の表現です。
* ❽：enough が形容詞・副詞を修飾するときは, 後置修飾することに注意が必要です。

【原形不定詞（動詞の原形）を用いた頻出表現】

表現と意味	例文
▶ **All S can do is (to)** *do* （＊❶） 「S にできるのは…することだけだ」	**All you can do is wait** for her. （あなたにできるのは彼女を待つことだけだ）
▶ **All S have to do is (to)** *do* （＊❷） 「S は…しさえすればよい」	**All you have to do is pick up** the balls. （あなたはボールを拾いさえすればよい）
▶ **cannot but** *do* ≒ **cannot help but** *do* （＊❸） 「…せざるを得ない」	With plenty of evidence, he **couldn't but believe** her testimony. （たくさんの証拠があったため，彼は彼女の証言を信じざるを得なかった）
▶ **do nothing but** *do* （＊❹） 「…ばかりする」	The koala **does nothing but sleep** all day long. （コアラは 1 日中寝てばかりいる）

【POINTS】

＊❶：all は「唯一のこと，もの」の意味です。

＊❷：You have only to *do* も同様の表現です。

＊❸：but は「…以外」の意味で，「…以外できない」が直訳です。

＊❹：but は「…以外」の意味で，「…以外何もしない」が直訳です。

THEME

5

動名詞と不定詞

（ It is 〜 of A to *do* の形で用いる形容詞 ）

It is 〜 of A to *do*「…するなんて A は〜だ」という表現を用いて，Aという人の性格や性質を表すことができます。「〜」の部分には人の性格や性質を表す形容詞が入り，例えば，It is foolish of you to say that.「あんなことを言うなんて，君は愚かだ」のような形で使われます（「〜」の部分＝Aの性格や性質）。試験では「〜」の部分に入る形容詞を選ぶ問題が出題されます。仕組みを理解したうえで，「〜」に入る形容詞のイメージを持っておきましょう。

人の性質・性格を表す形容詞

- ▶ careless「不注意な」 ▶ clever「賢い」
- ▶ considerate「思いやりのある」 ▶ cruel「残酷な」
- ▶ foolish「愚かな」 ▶ good「親切な」
- ▶ inconsiderate「思いやりのない」 ▶ kind「親切な」
- ▶ nice「親切な」 ▶ polite「礼儀正しい」 ▶ rude「無礼な」
- ▶ stupid「愚かな」 ▶ wise「賢い」

THEME
テーマ

6

分　詞

この章では分詞について学習します。分詞は動詞が形を変えたものです。現在分詞と過去分詞に分かれ，その使い分けが問題になります。**正確に分詞を使ううえで鍵になるのが「主語と述語の関係」を見抜くことです**。日本語だけで考えると間違えてしまうこともあるため，以下で詳しく学習しましょう。

┤ 思考パート ├─ (Think about it!)

さっそく例題を解いてみましょう。

例題 1 分詞の形容詞用法を理解しよう！

次の空所に入れるのに最も適切なものを，選択肢①〜④から選びなさい。
A man （　　） a leather coat came out of the hotel in a hurry.
① was wearing　② wearing　③ wore　④ had worn　　　　（南山大）

この文の V は came です。ここから，S が A man であること，空所には V ではなく A man を修飾する形が来ることがわかります。そこで，空所には動詞 wear「着る」の形を変えたものを入れ，分詞句を作ることを考えます。このとき，両者の間には「男性」が「着る」という能動関係が成り立つため，現在分詞 wearing を入れます。すると，wearing a leather coat「革のコートを着ている」という分詞句を作ることができ，この分詞句が A man を修飾する自然な文を作ることができます。よって，② wearing が正解です。

> **完成文** A man wearing a leather coat came out of the hotel in a hurry.

> **訳例** 革のコートを着た男性が急いでホテルから出てきた。

分詞の形容詞用法

例題 1 で見たように，分詞句には名詞を後置修飾するはたらきがあります。

このとき，「修飾される名詞」と「修飾する分詞句」の間には「主語と述語の関係」があり，現在分詞と過去分詞のどちらを用いるかは，この「主語と述語の関係」が「能動関係」なのか「受動関係」なのかによって決まります。**「する」という能動関係が成り立つ場合は現在分詞，「される」という受動関係が成り立つ場合は過去分詞**を用います。

例 the cat sleeping under the table （テーブルの下で眠っているネコ）

＊「ネコ」が「眠っている」という**能動関係**が成立→**現在分詞**を使う

例 a letter written in Chinese （中国語で書かれた手紙）

＊「手紙」が「書かれる」という**受動関係**が成立→**過去分詞**を使う

分詞句の形容詞的なはたらきは，名詞を修飾するだけではありません。文中で補語（C）としてはたらくこともあります。次の **例1** ～ **例4** を見ながら，1つひとつ確認していきましょう。

例1 SVC の文（能動関係が成り立つ場合）

　ₛ The student ᵥ kept ꜀ standing outside the classroom.

（その生徒は教室の外に立ったままだった）

＊keep C「Cのままだ」という表現のCの位置に standing outside the classroom という現在分詞句が置かれています。SVC の文の場合，S と C の間には主語と述語の関係があります。この文では，「学生」が「立っている」という能動関係があるため，現在分詞を用いています。

例2 SVC の文（受動関係が成り立つ場合）

　ₛ Her car ᵥ remained ꜀ parked in a nearby parking lot.

（彼女の車は近くの駐車場に停められたままだった）

＊remain C「Cのままだ」という表現のCの位置に parked in a nearby parking lot という過去分詞句が置かれています。SVC の文の場合，S と C の間には主語と述語の関係があります。この文では，「彼女の車」が「停められている」という受動関係があるため，過去分詞を用いています。

例3 SVOC の文（能動関係が成り立つ場合）

S Lucy V found O her father C lying on the sofa.

（ルーシーは父親がソファで寝転がっているのに気づいた）

＊find O C「O が C であることに気づく」という表現の C の位置に lying on the sofa という現在分詞句が置かれています。SVOC の文の場合，O と C の間には主語と述語の関係があります。この文では，「彼女の父親」が「寝転がっている」という能動関係があるため，現在分詞を用いています。

例4 SVOC の文（受動関係が成り立つ場合）

S He V kept O the glass C filled with water.

（彼はコップを水が満たされたままにしておいた）

＊keep O C「O を C のままにしておく」という表現の C の位置に filled with water という過去分詞句が置かれています。SVOC の文の場合，O と C の間には主語と述語の関係があります。この文では，「コップ」が「満たされている」という受動関係があるため，過去分詞を用いています。

例題 → 2 分詞形容詞（感情を表す形容詞）の使い方を理解しよう！

次の空所に入れるのに最も適切なものを，選択肢①〜④から選びなさい。

I am （　　）to see all the amazing monuments built by the ancient Egyptians.

① exciting　② excitement　③ excite　④ excited　　　　（鹿児島大　改）

---

exciting と excited の区別をする問題です。exciting は「わくわくさせるような」，excited は「わくわくして」という意味です。ここでは，主語である I「私」が「わくわくしている」とすると意味が自然に通るため，④ excited が正解です。なお，③ excite は「…をわくわくさせる」という動詞であり，am の後ろに置くことはできません。また，② excitement は「興奮，興奮させるもの」という意味の名詞であり，I「私」が excitement「興奮（という概念や状態そのもの）」であるというのは意味が不自然ですから，ここでは誤りです。

〔完成文〕 I am excited to see all the amazing monuments built by the ancient Egyptians.

〔訳例〕 古代エジプト人によって建設されたあらゆる驚くべき遺跡を目にして，私はわくわくしている。

分詞形容詞の考え方

例題▶2 で見た excited は分詞形容詞と呼ばれ，過去分詞 excited が形容詞として扱われるようになったものです。**excite という動詞は，「…をわくわくさせる」という意味の他動詞**であり，その**現在分詞をもとにした exciting は「わくわくさせるような，わくわく感を与えるような」という意味**になります。一方で，**過去分詞をもとにした excited は「わくわくさせられるような，わくわく感を与えられるような」という意味**です。日本語で「わくわくしている，わくわくする」と言うとき，英語では過去分詞を用いて受け身の形で表すことに注意が必要です。これは excite だけではなく，**原則として感情を表す動詞全般にあてはまります**。日本語の訳に注意しながら，表を見てイメージがわくようにしておきましょう。

【さまざまな分詞形容詞】

元の動詞	分詞形容詞
amaze 「驚かせる」	amazing「驚くべき」 amazed「驚いて」
annoy 「いらいらさせる」	annoying「いらいらさせる」 annoyed「いらいらして」
astonish 「驚かせる」	astonishing「驚くべき」 astonished「驚いて」
bore 「退屈させる」	boring「退屈な」 bored「退屈して」
convince 「納得させる」	convincing「説得力のある」 convinced「確信して」

disappoint 「がっかりさせる」	disappointing「がっかりさせるような」 disappointed「がっかりして」
embarrass 「恥ずかしい思いをさせる」	embarrassing「やっかいな」 embarrassed「当惑した」
excite 「わくわくさせる」	exciting「わくわくさせるような」 excited「わくわくして」
fascinate 「魅了する」	fascinating「魅力的な」 fascinated「魅せられて」
frighten 「こわがらせる」	frightening「恐ろしい」 frightened「怖がって」
interest 「興味を持たせる」	interesting「面白い」 interested「興味を持って」
irritate 「いらいらさせる」	irritating「いらいらさせるような」 irritated「いらいらして」
move 「感動させる」	moving「感動させるような」 moved「感動して」
please 「喜ばせる」	pleasing「喜ばせるような，楽しい」 pleased「喜んで」
satisfy 「満足させる」	satisfying「満足させるような」 satisfied「満足して」
shock 「ショックを与える」	shocking「ショックを与えるような」 shocked「ショックを受けて」
surprise 「驚かせる」	surprising「驚くべき」 surprised「驚いて」
thrill 「わくわくさせる」	thrilling「わくわくさせるような」 thrilled「わくわくして」
tire 「疲れさせる」	tiring「疲れさせるような」 tired「疲れて」
touch 「感動させる」	touching「感動させるような」 touched「感動して」

例.題➡ **3**　知覚動詞と分詞の用法を押さえよう！

次の空所に入れるのに最も適切なものを，選択肢①〜④から選びなさい。
She saw a cat（　　）the room.
① entering　② enters　③ to enter　④ entered

例.題➡ **3** を検討する前に，動詞 see についての知識を整理しておきましょう。
see は知覚動詞と呼ばれ，【THEME 5 動名詞と不定詞】で学習した see O
do「Oが…するのを見る」という形のほか，次のような形を取ります。

（1）see O *do*（原形不定詞）「O が…するのを見る（**能動関係**）」
（2）see O *doing*（現在分詞）「O が…しているのを見る（**能動関係**）」
（3）see O *done*（過去分詞）「O が…されるのを見る（**受動関係**）」
＊（1）は一部始終を見ているイメージで，（2）はワンシーンを見るイメー
　　ジです。また，（1）（2）では「O が…する」という能動関係があり，（3）
　　では「O が…される」という受動関係があります。

それでは，例.題➡ **3** について見てみましょう。設問文と選択肢から，文全体
の意味は「彼女はネコがその部屋に入るのを見た」となりそうです。「ネコ」
と「入る」には「O が…する」という能動関係があるため，現在分詞を用
いた① entering が正解です。ちなみに，この設問には enter という選択肢
がありませんでしたが，もしあれば see O *do* という原形不定詞を用いた形
を作ることができるため，それも正解になります。

〈完成文〉 She saw a cat entering the room.
〈訳例〉 彼女はネコがその部屋に入るのを見た。

知覚動詞と後ろの形

see と同じ形をとる知覚動詞は他にもあります。代表例は hear「聞く」，
feel「感じる」です。「主語と述語の関係（能動関係なのか受動関係なのか）」
に着目しながら，それぞれ例文で確認しておきましょう。

例1 hear O *do*（原形不定詞）「O が…するのを聞く（**能動関係**）」

I heard the bird sing.（私はその鳥が鳴くのを聞いた）

例2 hear O *doing*（現在分詞）「O が…しているのを聞く（**能動関係**）」

I heard the bird singing.（私はその鳥が鳴いているのを聞いた）

例3 hear O *done*（過去分詞）「O が…されるのを聞く（**受動関係**）」

I heard my name called.（私は自分の名前が呼ばれるのを聞いた）

例4 feel O *do*（原形不定詞）「O が…するのを感じる（**能動関係**）」

I felt the ground shake.（私は地面が揺れるのを感じた）

例5 feel O *doing*（現在分詞）「O が…しているのを感じる（**能動関係**）」

I felt the ground shaking.（私は地面が揺れているのを感じた）

例6 feel O *done*（過去分詞）「O が…されるのを感じる（**受動関係**）」

I felt my arm touched by someone.

（私は腕が誰かに触られるのを感じた）

それではもう 1 問，問題を解いてみましょう。

例・題▶ 4　使役動詞と分詞の用法を押さえよう！

She had her daughter（　　）her bag.

① to carry　② carried　③ carry　④ carries

この文の V は had であり，選択肢から，空所には動詞 carry「運ぶ」の形を変えたものが入るとわかります。have には，have O *do* の形で「O に…させる，…してもらう」という意味になる，使役動詞としての用法があるため，③ carry が正解です。

完成文　She had her daughter carry her bag.

訳例　彼女は娘にかばんを運んでもらった。

使役動詞と後ろの形

主な使役動詞は make と let と have です。それぞれ後ろの形が異なるため，例文を使って主な形を丁寧に確認しておきましょう。

例1 **make O *do*（原形不定詞）「O に…させる（能動関係）」**

His mother made him water the plants.

（彼の母は彼に植物の水やりをさせた）

例2 **make O *done*（過去分詞）「O を…させる（受動関係）」など**

She made herself heard in a large room.

（彼女は大きな部屋で声を届かせた）

＊ 例1 には「O が…する」という能動関係があり，例2 には「O が…される」という受動関係があります。make O *do* は「O が…する状態を作り出す」，make O *done* は「O が…される状態を作り出す」が基本的な意味です。なお，この形は，make *oneself* heard「声を届かせる」以外にも，make *oneself* understood「自分の考えをわからせる」や make O known「O を知らせる」など，決まり文句でよく用いられます。

例3 **let O *do*（原形不定詞）「O に（自由に）…させる（能動関係）」**

The man let the dog eat its favorite dog food.

（その男性は犬にお気に入りのドッグフードを食べさせた）

例4 **let O be *done*（過去分詞）「O を…されるままにしておく（受動関係）」**

Don't let your feelings be controlled by criticism.

（気持ちが批判に支配されないようにしなさい）

＊ 例3 には「O が…する」という能動関係があり，例4 には「O が…される」という受動関係があります。let O *do* は「O が…する状態を許容する」，let O be *done* は「O が…される状態を許容する」が基本的な意味です。

例5 **have O *do*（原形不定詞）「O に…させる（能動関係）」など**

He had a repairperson fix his PC.

（彼は修理工にパソコンを修理してもらった）

例6 have O *done*（過去分詞）「O を…してもらう（**受動関係**）」【依頼】

He had his long hair cut.（彼は長い髪を切ってもらった）

例7 have O *done*（過去分詞）「O を…される（**受動関係**）」【被害】

She had her bicycle stolen.（彼女は自転車を盗まれた）

例8 have O *done*（過去分詞）「O を…してしまう（**受動関係**）」【完了】

She had her work done.（彼女は仕事を終えた）

***例5** には「O が…する」という能動関係が，**例6** 〜 **例8** には「O が…される」という受動関係があります。have O *do* は「O が…する状態を持つ」，have O *done* は「O が…される状態を持つ」が基本的な意味です。

例･題 5 分詞の副詞用法（分詞構文）を理解しよう！

(   ) from the ground, the building seemed to climb up to the clouds.
① See ② Seeing ③ Seen ④ Have seen 　　　　　　（駒澤大　改）

この文では，the building が S，seemed to climb が V のはたらきをしており，空所から the ground までは副詞句であると考えられます。また，分詞句は副詞句として用いることができるため（このような分詞の用法を分詞構文と呼びます），空所には分詞を入れればよいと考えられます。では，② Seeing（現在分詞）と③ Seen（過去分詞）のどちらを入れればよいのでしょうか。注目すべきは，「分詞句の主語」と「分詞句」の関係です。両者の間には，主語と述語の関係がありますが，この関係が能動関係なら現在分詞，受動関係なら過去分詞を入れます。**分詞構文の主語は，原則として文の主語と一致**しますから，ここでは the building が分詞句の主語です。「建物」が「見られる」という受動関係があるため，空所には過去分詞を入れます。③ Seen が正解です。

〔完成文〕 Seen from the ground, the building seemed to climb up to the clouds.

〔訳 例〕 地面から見ると，その建物は雲まで届くようだった。

分詞の副詞用法（分詞構文）

分詞構文とは，分詞句を副詞的に用いる文のことです。副詞句は原則として
文のどこにでも置くことができるため，文頭の分詞構文だけでなく，文中の
分詞構文や文末の分詞構文も見られます。

> **例1** 文頭の分詞構文
>
> Walking in the park, I came across a stray cat.
>
> （公園を歩いていると，私は野良猫に出くわした）
>
> **例2** 文中の分詞構文
>
> The tour guide, knowing a lot about the historical building, told
> us about it.
>
> （そのツアーガイドは，歴史的建造物について多くの知識があったので，
> それについて私たちに教えてくれた）
>
> **例3** 文末の分詞構文
>
> The child ran toward her father, waving her hand.
>
> （その子どもは手を振りながら，父親の方に向かって走った）

THEME

6

分詞

上の例文からもわかるように，分詞構文の意味はさまざまです。接続詞を使っ
ていないため接続関係があいまいで，同じ分詞句でも複数の意味で訳すこと
ができる場合もあります。意味を考える際は，主節との関係を常に考えなが
ら自然な解釈を探りましょう。和訳問題など，より詳細な解釈が求められる
場合には，次のような典型的な訳の仕方を覚えておくと便利です。

分詞構文の訳し方

> ①…ので，…から【理由】
>
> ②…すると，…しているときに【時】
>
> ③…すると，…すれば【条件】
>
> ④…しながら，そして…，…しており【付帯状況】
>
> ⑤…しても，…けれども

先ほどの **例1** ～ **例3** では，すべて現在分詞を用いた分詞構文を紹介しましたが，分詞構文には過去分詞を用いたものもあります。現在分詞を用いるのか，それとも過去分詞を用いるのかは試験でもよく問われるため，例文を見ながら，判断基準を再度確認しておきましょう。

例4 The train left Tokyo at 8:00, <u>arriving at Nagoya at around 9:45</u>.

（その電車は東京を 8 時に出発し，9 時 45 分頃に名古屋に到着した）

例5 <u>Praised very much</u>, he felt satisfied.

（とてもほめられたので，彼は満足に感じた）

＊分詞構文の主語は原則として文の主語と一致しますから，まずは**分詞構文の主語を確認**します。次に，**分詞構文の主語（＝文の主語）と分詞構文の分詞の間の関係**を考えます（両者の間には，主語と述語の関係がありますから，能動関係と受動関係のいずれが成立しているのかを考えます）。**能動関係ならば現在分詞，受動関係ならば過去分詞**を用います。**例4** では，「電車」が「到着する」という能動関係が成り立ち，**例5** では，「彼」が「ほめられる」という受動関係が成り立っています。

例4 と **例5** はどちらも分詞構文の主語と文の主語が一致するものでしたが，**分詞構文の主語と文の主語が一致しない分詞構文**もあり，**独立分詞構文**と呼ばれます。次の例文では，having its own language and culture が分詞句であり，その主語は each（＝ each country）です。「それぞれ（の国）」が「独自の言語と文化を持っている」という能動関係があることを確認しましょう。

例 There are many different countries all over the world, <u>each having its own language and culture</u>.

（世界中に多くのさまざまな国があり，それぞれが独自の言語と文化を持っている）

最後にもう 1 問，問題を解いてみましょう。

例題→ 6 完了分詞と分詞の否定の形を押さえよう！

次の空所に入れるのに最も適切なものを，選択肢①〜④から選びなさい。

I failed to recognize her at first, not （　　） her for ten years or so.

① seeing　② to see　③ having seen　④ saw　　　　　　　（上智大）

この問題は，コンマの前まででいったん文が成立しているため，コンマの後ろは副詞句であると考えられます。また，分詞構文は副詞のカタマリですから，分詞の形を用いた① seeing か③ having seen が正解ではないかと考えられます。文全体の意味は，「10 年くらい彼女に会っていなかったので，最初は彼女だとわからなかった」となりそうです。「わからなかった」ときと「会っていなかった」ときとの間には時間のずれがあるため，完了分詞 having *done* の形を使います。③ having seen が正解です。なお，② to see も副詞句を作りますが，文全体が「最初は彼女だとわからなかったが，10 年くらい彼女と会わなかった」という不自然な意味になるため，誤りです。

> **完成文** I failed to recognize her at first, not having seen her for ten years or so.

> **訳例** 10 年くらい彼女に会っていなかったので，最初は彼女だとわからなかった。

主節が表す時よりも前のことを表すとき，分詞は完了分詞の形にします。**否定の意味を持たせたい場合は，分詞句の前に not を置く**ことで表します。

	主節の表す時と同じ	主節の表す時より前
能動（する）	*doing*	having *done*
受動（される）	(being) *done*	(having been) *done*

> **例** <u>Not knowing what to say</u>, he remained silent.
> （何を言うべきかわからなかったので，彼は黙っていた）
>
> **例** Her son <u>not having come on time</u>, she was angry.
> （彼女の息子が時間通りに来なかったので，彼女は怒った）

分詞の重要ポイント

❶「主語と述語の関係」を見抜く

分詞句が名詞を修飾する場合，「修飾される名詞」と「修飾する分詞句」の間には主語と述語の関係があります。また，分詞句がCとして使われる場合，SVCのときはSとCの間に，SVOCのときはOとCの間にそれぞれ主語と述語の関係があります。まずは，この主語と述語の関係が「能動関係」なのか「受動関係」なのかを考えましょう。

❷「現在分詞」と「過去分詞」を使い分ける

「する」という能動関係が成り立つ場合 ➡ 現在分詞
「される」という受動関係が成り立つ場合 ➡ 過去分詞

❸分詞形容詞の考え方を押さえる

感情を表す動詞は原則として「…させる」という意味になるため，現在分詞をもとにした形容詞は「…させるような」，過去分詞をもとにした形容詞は「…させられるような」という意味になります。日本語訳とずれることがあるため，注意が必要です。

❹主語と述語の関係を意識しながら知覚動詞や使役動詞の知識を整理する

代表的な知覚動詞である see「見る」, hear「聞く」, feel「感じる」と，主な使役動詞である make, let, have について,「主語と述語の関係」を意識しながら，原形不定詞や分詞の用法を押さえましょう。

❺分詞の副詞用法（分詞構文）を押さえる

分詞句には，形容詞用法（名詞を修飾する用法と，C として
用いる用法）のほか，副詞用法（副詞句として用いる用法）
もあります。「分詞構文の主語は原則として文の主語と一致
する」こと，「副詞句は原則として文のどこにでも置くこと
ができる」ことを押さえておきましょう。

❻「完了分詞」と「分詞の否定」の形を押さえる

主節が表す時よりも前のことを表すとき，分詞は完了分詞の
形にします。能動の意味のときは having *done* の形，受動
の意味のときは（having been）*done* の形です。分詞句に
否定の意味を持たせたい場合は，分詞句の前に not を置き
ます。

次の空所に入れるのに最も適切なものを，選択肢①〜④から選びなさい。

No. 1　LEVEL ★★☆　CHECK ☐☐☐☐

Company security officers were called in because a plastic bag（　　）a liquid was left in the entrance hall.

① containing　　　　　② contains

③ contained　　　　　④ to containing　　　　（駒澤大）

No. 2　LEVEL ★★★　CHECK ☐☐☐☐

Water is a precious commodity too long（　　）for granted, but all the fresh water in the world's lakes and streams represents barely 0.01 per cent of the earth's total store of water.

① take　　　　　　　② taking

③ takes　　　　　　　④ taken　　　　　　　（中央大）

No. 3　LEVEL ★★☆　CHECK ☐☐☐☐

This（　　）the case, how can we improve our present condition?

① been　　　　　　　② being

③ is　　　　　　　　④ to be　　　　　　（青山学院大）

No. 4　LEVEL ★★☆　CHECK ☐☐☐☐

She felt herself（　　）by a strong arm from behind.

① seize　　　　　　　② seized

③ be seizing　　　　　④ seizing　　　　　　（法政大）

Never (　　) like that, the secretary got offended.

① been treated　　　　② be treated

③ had been treated　　④ having been treated　　（中央大）

The diplomatic document to the prime minister (　　), the secretary passed it to the president to sign.

① having typed　　　　② typing

③ is being typed　　　④ having been typed　　（上智大　改）

Reading a book on Thomas Edison, I truly (　　) at how many inventions he made.

① amazed　　　　　　② astonished

③ marveled　　　　　④ surprised　　（中央大　改）

The examples (　　) by the teacher were not clear.

① have shown　　　　② having shown

③ showing　　　　　④ shown　　（立命館大）

No.1 ① containing

Company security officers were called in because a plastic bag (①) a liquid was left in the entrance hall.

正解への思考プロセス

(1) because には SV の形が後続することから，was が because 節内の V であることを見抜きます。

(2) a plastic bag （　　）a liquid が S だと考えられるため，空所に分詞を入れ，a plastic bag を修飾する分詞句を作ることを考えます。

(3) containing a liquid「液体を含む」という分詞句を作る（a plastic bag「ビニール袋」が containing a liquid「液体を含む」という能動関係を作る）と文全体が自然な意味になるため，contain の現在分詞① containing が正解です。

＊② contains（動詞の現在形）は，V として使いますが，because 節内に was left という V がある本問では重ねて使うことができないため，誤りです。

> **完成文** Company security officers were called in because a plastic bag containing a liquid was left in the entrance hall.
> **訳例** 玄関ホールに液体の入ったビニール袋が置かれていたので，会社の警備員が呼ばれた。

No.2 ④ taken

Water is a precious commodity too long (④) for granted, but all the fresh water in the world's lakes and streams represents barely 0.01 per cent of the earth's total store of water.

正解への思考プロセス

(1) 文全体の構造に目を向けると，but によって Water is ... for granted と all the ... of water という2つの文がつながれていることがわかります。

(2) but より前の文は，Water が S，is が V，a precious commodity が C になっています。これだけで文が一応成立しているため，空所に分詞を入れて commodity を修飾する分詞句を作ることを考えます。

(3) take O for granted「O を当然のものとみなす」という表現を用いて，too long taken for granted「あまりにも長い間当然のものとみなされている」という分詞句を作る（commodity「もの」が taken for granted「当然のものとみなされている」という受動関係を作る）と文全体が自然な意味になるため，take の過去分詞④ taken が正解です。

＊① take や③ takes（動詞の現在形）は，V として使いますが，節内に is という V がある本問では重ねて使うことができないため，誤りです。

> **完成文** Water is a precious commodity too long taken for granted, but all the fresh water in the world's lakes and streams represents barely 0.01 per cent of the earth's total store of water.
>
> **訳例** 水は，あまりにも長い間当然のものとみなされている貴重なものだが，世界の湖と小川の淡水のすべてで，地球の総貯水量のわずか 0.01%に過ぎない。

No. 3 ② being

This (②) the case, how can we improve our present condition?

正解への思考プロセス

(1) 文全体の構造に目を向けると，コンマ以下の how can we improve our present condition? が，文として成立していることがわかります。

(2) そこで，空所に分詞を入れ，This ( ) the case に副詞句のはたらきをさせることを考えます。

(3) 空所に being を入れ，This being the case「このことが本当なら」という分詞句を作る（This「このこと」が being the case「本当である」という能動関係を作る）と文全体が自然な意味になるため，be の現在分詞② being が正解です。副詞用法の分詞句（分詞構文）を作ることで，how 以下と意味が自然につながることを確認しましょう。なお，This は分詞構文の主語のはたらきをしています（独立分詞構文）。

＊③ is は，空所に入れると文と文が接続詞なしにつながれることになるため，誤りです。また，① been と④ to be は文が成立せず，誤りです。

> **完成文** This being the case, how can we improve our present condition?
>
> **訳例** このことが本当なら，私たちはどうしたら現在の状況を改善できるのだろうか。

No.4 ② seized

She felt herself (②) by a strong arm from behind.

正解への思考プロセス

(1) feel O C「O が C であると感じる」という表現を用いていると考えられるため，空所には C にあたる分詞を入れればよいとわかります。

(2) そこで，O と C の間にある主語と述語の関係に着目します。seized by a strong arm from behind「背後から力強い腕によってつかまれる」という分詞句を作る（herself「彼女自身」が seized「つかまれる」という受動関係を作る）と文全体が自然な意味になるため，seize の過去分詞② seized が正解です。

＊① seize を動詞の原形だと考えると，feel O *do*「O が…するのを感じる」という知覚動詞を用いた正しい表現のようにも見えますが，by 以下と意味がつながらず，文全体が不自然な意味になるため，誤りです。

> **完成文** She felt herself seized by a strong arm from behind.
>
> **訳例** 彼女は背後から力強い腕で（自分が）つかまれるのを感じた。

No.5 ④ having been treated

Never (④) like that, the secretary got offended.

正解への思考プロセス

(1) 文全体の構造に目を向けると，コンマ以下の the secretary got offended が，文として成立していることがわかります。コンマの後ろに文が続いていることから，空所に分詞を入れ，分詞構文を作ることを考えます。

(2) 分詞構文の主語は原則として文の主語と一致するため，文の主語である the secretary が分詞構文の主語であると考えます。

(3) 「秘書」が「扱われる」という受動関係を作ると文全体が自然な意味になる

こと（空所に過去分詞を入れること）を見抜きます。なお、「扱われる」こ
とがなかったのは「気分を害した」ときよりも前のことであるため、完了分
詞の形を選びます。④ having been treated が正解です。

＊① been treated, ② be treated, ③ had been treated は、いずれも分詞構
文の形ではなく、誤りです。

> 〔完成文〕 Never having been treated like that, the secretary got
> offended.
>
> 〔訳 例〕 そのように扱われたことがなかったので、秘書は気分を害した。

No. 6 ④ having been typed

The diplomatic document to the prime minister (④), the secretary
passed it to the president to sign.

正解への思考プロセス

(1) 文全体の構造に目を向けると、コンマ以下の the secretary passed it to
the president to sign が、文として成立していることがわかります。コン
マの後ろに文が続いていることから、空所に分詞を入れ、分詞構文を作るこ
とを考えます（ここで、選択肢③ is being typed は消去できます）。

(2) 分詞構文の主語は、The diplomatic document to the prime minister「首
相への外交文書」であると考えられます。「首相への外交文書」が「タイプ
される（打ち込まれる）」という受動関係があると考えると文全体が自然な
意味になるため、受動の意味を表すことができる④ having been typed が
正解です。

> 〔完成文〕 The diplomatic document to the prime minister having
> been typed, the secretary passed it to the president to sign.
>
> 〔訳 例〕 首相への外交文書の打ち込みが終わったため、署名をするようそれを大
> 統領に渡した。

No. 7 ③ marveled

Reading a book on Thomas Edison, I truly (③) at how many inventions
he made.

(1) 文全体の意味が,「トマス・エジソンについての本を読んで, 彼がいかに多くの発明をしたのかに驚嘆した」となりそうだということをつかみます。

(2) 感情を表す動詞は, 原則として「…させる」の意味を持ちますから,「…している, …する」という意味を表すときは, 原則として受け身の形 (過去分詞を用いた be + *done* の形) で表します。しかし, 選択肢には be *done* の形はありません。

(3) もっとも, marvel は例外であり, marvel at A の形で「A に驚く, A に驚嘆する」という意味になります。よって, ③ marveled が正解です。

＊①②④はそれぞれ, was amazed, was astonished, was surprised の形であれば OK です。

> **完成文** Reading a book on Thomas Edison, I truly marveled at how many inventions he made.
> **訳例** トマス・エジソンについての本を読んで, 彼がいかに多くの発明をしたのかに驚嘆した。

No.8 ④ shown

The examples (④) by the teacher were not clear.

正解への思考プロセス

(1) この文の V は were であり, C は clear であることを見抜きます。

(2) The examples ( ) by the teacher が S だと考えられるため, 空所に分詞を入れ, The examples を修飾する分詞句を作ることを考えます。

(3) The examples shown by the teacher「教師によって示された例」という分詞句を作る (The examples「例」が shown「示される」という受動関係を作る) と文全体が自然な意味になるため, show の過去分詞④ shown が正解です。

＊① have shown は V として使うときの形です。本問では V として were があるため, 誤りです。② having shown, ③ showing はいずれも能動の意味を表すため, 誤りです。

> **完成文** The examples shown by the teacher were not clear.
> **訳例** 教師によって示された例はよくわからなかった。

例題 次の空所に入れるのに最も適切なものを，
選択肢①～④から選びなさい。

All things（　　　）, I think Alicia deserves to win the match.
① considered　　　　② considering
③ to be considered　　④ to consider　　　　　　　　　　（立命館大）

この問題は，見た瞬間に① considered が正解だと判断したい問題です。それは，all things considered が「すべてのことを考慮すると」という意味の頻出表現だからです。taking all things into consideration もまた，同様の意味の表現です。このような重要表現を次の表で確認しておきましょう。

完成文 All things considered, I think Alicia deserves to win the match.
訳例 すべてのことを考慮すると，私はアリシアが試合に勝つに値すると思う。

【分詞の重要表現】

No.008

表現と意味	例文
▶ **all things considered**（*❶）「すべてのことを考えると」	**All things considered**, adopting a cat was a good choice.（すべてのことを考えると，ネコを受け入れたのは良い選択だった）
▶ **given A**（*❷）「A を考慮すると」	**Given** her experience, she will be able to solve the problem.（経験を考慮すると，彼女はその問題を解決できるだろう）
▶ **judging from A**「A から判断すると」	**Judging from** the size of these trees, this forest is very old.（これらの木の大きさから判断すると，この森はとても古い）
▶ **...ly speaking**（*❸）「…に言うと」	**Generally speaking**, "Time is money."（一般的に言うと，「時は金なり」だ）

▶ make *oneself* heard (＊❹) 「自分の声を届かせる」	She couldn't make herself heard in a large room. (彼女は大きな部屋で自分の声を届かせることができなかった)
▶ make *oneself* understood (＊❺) 「自分の考えをわかってもらう」	He made an effort to make himself understood in English. (彼は英語で自分の考えをわかってもらおうと努力した)
▶ seeing (that) S V 「…を考えると」	Seeing that the stock price is up, now's not a good time to buy. (株価が上がっていることを考えると, 今は買うのに適したときではない)
▶ speaking [talking] of A 「A について言うと, A と言えば」	Speaking of movies, have you seen the latest film by that popular director? (映画と言えば, その有名な監督による最新作は見ましたか?)
▶ such being the case (＊❻) 「そういう事情なので」	The report is due tomorrow. Such being the case, he cannot come today. (レポートの締め切りは明日だ。そういう事情なので, 彼は今日来られない)
▶ taking A into consideration (＊❼) 「A を考慮すると」	Taking the room size into consideration, the rent is reasonable. (部屋の広さを考慮すると, 家賃は妥当だ)
▶ weather permitting 「天気が許せば」	Weather permitting, we'll go on a picnic tomorrow. (天気が許せば, 私たちは明日ピクニックに出かけるだろう)

【POINTS】

＊❶：「すべてのことが考慮されると」が直訳です。

＊❷：慣用表現です。「A (という判断材料) が与えられると」が直訳です。

＊❸：...ly の部分には, generally「一般的に」のほか, broadly「大ざっぱに」, frankly「率直に」, historically「歴史的に」, relatively「相対的に」, roughly「大ざっぱに」, strictly「厳密に」などが入ります。

＊❹：「自分自身を聞かれる状態にする」が直訳です。

＊❺：「自分自身を理解される状態にする」が直訳です。

＊❻：be the case は「実情である, あてはまる」という意味です。

＊❼：take A into consideration「A を考慮する」をもとにした表現です。

THEME
テーマ

7

関係詞

関係詞

皆さんは関係詞に対してどのようなイメージがあるでしょうか。関係詞はとても便利なものです。例えば，I have a cat.「私はネコを飼っています」という文があるとします。このとき，関係詞を使うことで，この文の中の「ネコ」について後ろから説明を加えることができるのです。例えば，「おばさんがくれた」という説明を加えたいときは，that my aunt gave me というカタマリを cat の直後に置きます。このように便利である一方，関係詞は英作文などで苦手としている人が多い分野でもあります。この章では，**便利な関係詞を正しく使えるよう，関係詞の仕組みについて学習します**。

思考パート｜ Think about it!

さっそく例題を解いてみましょう。

例題 1 関係代名詞の基本的な仕組みを理解しよう！

次の空所に入れるのに最も適切なものを，選択肢①〜④から選びなさい。
Face painting is a tradition （　　　） goes back thousands of years in this region.
① who　② which　③ where　④ what　　　　　　　　（名城大）

この問題では，主格の関係代名詞について，基本的な仕組みの理解が問われています。空所の後ろに goes という V があることから，この V に対応する S として使えるものを選びます。先行詞 tradition「伝統」は「人」ではないため，人以外が先行詞のときに主格の関係代名詞として使うことのできる② which が正解です。① who は人が先行詞のときに使う関係代名詞であるため，誤りです。また，③ where は関係代名詞ではないため使えません。④ what は関係代名詞としても使いますが，「…こと，…もの」という意味の名詞節を作るため，ここでは使えません。

> **完成文** Face painting is a tradition which goes back thousands of years in this region.
>
> **訳 例** フェイスペインティングは，この地域に何千年も前からある伝統だ。

関係詞を用いた文＝元は２文

関係詞の文を考える際には，重要なポイントがあります。それは**「関係詞を用いた文は，もともとは２つの文である」**という点を意識することです。例えば，**例題▶1**の文は次の２文がくっついてできたものだと考えられます。

❶ Face painting is a <u>tradition</u>.
　（フェイスペインティングは<u>伝統</u>だ）

❷ <u>The tradition</u> goes back thousands of years in this region.
　（<u>その伝統</u>はこの地域に何千年も前からある）

２つの文をつなぐために名詞を関係代名詞に変える際は，**元の文での名詞のはたらきに応じて関係代名詞の種類が変わります**。ですから，その名詞が**元の文でどのようなはたらきをしていたのかを丁寧に確認する**ことが大切なのです（上の例で❷の文の tradition は，S としてのはたらきをしています）。表を使い，どのようなときにどの関係代名詞を使うのかを確認しましょう。

【関係代名詞の種類】

	主格（S）	目的格（O）	所有格
人が先行詞	who	whom [who]	whose
人以外が先行詞	which	which	whose

それではもう1問，問題を解いてみましょう。

例・題→ 2 目的格の関係代名詞の基本的な仕組みを理解しよう！

次の空所に入れるのに最も適切なものを，選択肢①～④から選びなさい。
My older sister is one of several students (　　) our school is honoring
at this morning's opening ceremony.
① what　② which　③ whom　④ whose　　　　　　　　　　（宮崎大）

この問題も，関係詞を空所に入れる問題です。空所の後ろは our school is
honoring と続き，honor O「O を表彰する」という表現の O が欠けた形
になっています。そこで，関係詞は目的語として使えるものを選びます。人
が先行詞のときに，目的格の関係代名詞として使うことのできる③ whom
が正解です。

完成文 My older sister is one of several students whom our school is
honoring at this morning's opening ceremony.

訳例 私の姉は，私たちの学校が今朝の朝礼で表彰する予定である，数人の学
生たちのうちの1人だ。

例・題→ 2 の文でも，元の2つの文を考えてみましょう。

❶ My older sister is one of several <u>students</u>.
（私の姉は数人の<u>学生たち</u>のうちの1人だ）
❷ Our school is honoring <u>the students</u> at this morning's opening
ceremony.
（私たちの学校は，今朝の朝礼で<u>その学生たち</u>を表彰する予定だ）

ここで，1つ押さえておきたいことがあります。それは，元の2文を考えた
とき**「1文目に先行詞となる名詞があり，2文目にもこれと同じ名詞が必ず
ある」**ということです。この2文を，関係代名詞を用いて1文にする際は，
O として使われている❷の the students を目的格の関係代名詞に変え，節
頭（❷の先頭）に持ってくることで，関係代名詞節ができるというわけです。

例題▶**1** や 例題▶**2** からもわかるように，関係代名詞を空所に入れる問題では，基本的に空所の後ろを見る必要があります。S が欠けていたら who か which，O が欠けていたら whom [who] か which を入れることを再度確認しておきましょう。

続いて，所有格の関係代名詞についても学習しましょう。

例題▶3 所有格の関係代名詞の基本的な仕組みを理解しよう！

次の空所に入れるのに最も適切なものを，選択肢①～④から選びなさい。
The captain, (　　　) team won the tournament, is now known to everyone.
① for which　② that　③ which　④ whose　　　　　　　（立命館大）

関係詞を空所に入れる問題です。空所の後ろには team won the tournament という文が続いていますが，team は数えられる名詞であるにもかかわらず，a や the や所有格などが付いておらず不自然です。そこで，「そのチームがトーナメントで優勝したキャプテン」のように，(　　　) team won the tournament の部分は空所の直前にある名詞 The captain を説明していると考えます。所有格の関係代名詞として使うことのできる④ whose が正解です。

〈完成文〉 The captain, whose team won the tournament, is now known to everyone.

〈訳例〉 そのチームがトーナメントで優勝したキャプテンは，今ではみんなに知られている。

例題▶**3** の文でも，元の 2 つの文を考えてみましょう。
❶ The <u>captain</u> is now known to everyone.
（<u>キャプテン</u>は，今ではみんなに知られている）
❷ <u>The captain's</u> team won the tournament.
（<u>キャプテンの</u>チームはトーナメントで優勝した）

「1文目に先行詞となる名詞があり，2文目にもこれと同じ名詞がある」ことを再度確認しておきましょう。この2文を，関係代名詞を用いて1文にする際は，❷の The captain's を所有格の関係代名詞に変え，節頭（❷の先頭）に持っていきます。この文では，The captain's が最初から節頭の位置にあるため，位置はそのままにして，所有格の関係代名詞 whose に変えます。

例題→ 4 関係代名詞と関係副詞を区別しよう！

次の空所に入れるのに最も適切なものを，選択肢①〜④から選びなさい。
I am looking for a house（　　　）I can live with my family and two dogs.
① which　② for which　③ where　④ for where　　　　　（青山学院大）

関係詞を空所に入れる問題です。空所の後ろには I can live with my family and two dogs と続いており，この部分だけでも文の要素がすべてそろっています。そこで，空所には関係副詞を入れることを考えます。③ where が正解です。① which は後ろに名詞が欠けた文を続けるため，誤りです。② for which は for the house ということですが，元の文を考えたとき，I can live with my family and two dogs for the house. だと意味が通らないため，誤りです。なお，in which なら元の文は I can live with my family and two dogs in the house となり，正しい文ができあがるため正解となります。④ for where は，そもそもこの場面でこのような形では使わないため，誤りです。

> **完成文** I am looking for a house where I can live with my family and two dogs.
> **訳例** 私は，家族と2匹の犬と一緒に暮らせる家を探している。

関係副詞の基本的な仕組み ⋯⋯⋯⋯⋯ ──────────

ここで，関係副詞の仕組みについて確認しておきましょう。例題→ 4 の文は，次の2文を元にしたものだと考えられます。

❶ I am looking for a <u>house</u>.
（私は<u>家</u>を探している）

❷ I can live with my family and two dogs <u>there [in the house]</u>.
（私は<u>そこで［その家で］</u>，家族と 2 匹の犬と一緒に暮らすことができる）

❷の there という副詞や in the house という副詞句の代わりに用いるのが関係副詞であり，先行詞が場所や場面のときは where を使います（下記 **例1**）。もちろん，❷の名詞 the house を関係代名詞に変えて，which を使うこともできます。この場合，in は後ろに残す（下記 **例2**）ときと in which ごと節頭に出す（下記 **例3**）ときとがあります。

例1 I am looking for a house where I can live with my family and two dogs.

例2 I am looking for a house which I can live with my family and two dogs in.

例3 I am looking for a house in which I can live with my family and two dogs.

関係副詞には，場所や場面を表す名詞を先行詞とする where 以外にも，時を表す名詞を先行詞とする when や理由（reason）を先行詞とする why，方法（way）を先行詞とする how があります。例文で使い方を確認しましょう。

▶場所や場面を表す名詞を先行詞とする関係副詞 where

例 She visited Hiroshima, where she enjoyed eating oysters.
（彼女は広島を訪れ，そこでカキを食べるのを楽しんだ）

▶時を表す名詞を先行詞とする関係副詞 when

例 Now is the time when you must do your best.
（今が，あなたが最善を尽くさなければならないときだ）

THEME

7

関
係
詞

例 This is the reason why she was late for school today.

（これが，彼女が今日学校に遅れた理由だ）≒

（こういうわけで，彼女は今日学校に遅れた）

例 This is how he solved such a difficult math problem.

（これが，彼がそのような難しい数学の問題を解いた方法だ）

* the way how という形では用いられません。上の例文のように，先行
詞 the way を省略した形か This is <u>the way</u> he solved such a difficult
math problem. のように，関係副詞 how を省略した形で用いられます。

先行詞と関係副詞の対応を表で確認しておきましょう。

先行詞	関係副詞
場所や場面	where
時	when
理由（reason）	why
方法（way）	how

関係代名詞と関係副詞の区別

例題▶4 のように，空所に入るものが，関係代名詞なのか関係副詞なのかを
判断する必要がある問題では，空所の後ろの形をチェックすることが重要で
す。次のルールを覚えておけば，関係代名詞と関係副詞を区別する問題はす
ぐに解くことができるはずです。

［ルール1］ 関係代名詞の後ろは名詞が欠けた文
　　　　　　（後ろの文は，あるはずの名詞が欠けた不完全な文）

［ルール2］ 関係副詞と前置詞＋関係代名詞の後ろは名詞が欠けていない文
　　　　　　（後ろの文は，副詞句が欠けているだけの完全な文）

「関係副詞」と「前置詞＋関係代名詞」の関係

関係副詞 where は，in which のほか，at which や on which などに置き換えられることがあり，その他の関係副詞も前置詞＋関係代名詞で置き換えられることがあります。表と例文を使って確認しておきましょう。

先行詞	関係副詞	前置詞 + 関係代名詞
場所や場面	where	in which / at which / on which　など^{*1}
時	when	in which / at which / on which　など^{*2}
理由（reason）	why	for which^{*3}
方法（way）	how	in which^{*4}

*¹ 元の文では，場所や場面を表すために at や in，on といった前置詞が使われています。in the place / at the hotel / on the boat のような語句で，ここから，in which / at which / on which などの形が生まれます。そしてこれは，where で置き換えることができるため，結果的に**関係副詞は，前置詞＋関係代名詞で書き換えることができる**と言えるのです。

> 例1 I liked the hotel at which I stayed last week.
> 例2 I liked the hotel where I stayed last week.
> 　　（私は先週泊まったホテルを気に入った）
> ＊例1 や 例2 の元の文は，I liked the hotel. I stayed at the hotel last week. のようなものが考えられます。

*² 元の文では，in the year / at the time / on the day のような語句が使われていると考えられます。

> 例3 Today is the day on which she was born.
> 例4 Today is the day when she was born.
> 　　（今日は彼女が生まれた日だ）

> **例5** This is the reason for which <u>I didn't agree with the plan</u>.
>
> **例6** This is the reason why <u>I didn't agree with the plan</u>.
>
> （これが，私がその企画に賛成しなかった理由だ）

*4 the way in which という形で用いられることはありますが，the way how という形では用いられません（先行詞 the way か関係副詞 how を省略した形で用いられます）。

> **例7** This is the way in which <u>he made this cake</u>.
>
> **例8** This is the way <u>he made this cake</u>.
>
> **例9** This is how <u>he made this cake</u>.
>
> （これが，彼がそのケーキを作った方法だ）

例・題▶5 関係代名詞 what の用法を押さえよう！

次の空所に入れるのに最も適切なものを，選択肢①〜④から選びなさい。
This sweater is (　　) I have wanted for a long time.
① what　② which　③ that　④ where　　　　　　　　　（法政大）

この問題では，関係代名詞 what についての基本的な理解が問われています。まずは，関係代名詞の what には **「…こと，…もの」という意味**があり，**名詞節を作る（文の中でSやOやCとしてはたらく）** ということを押さえておきましょう。このとき，関係代名詞 what の後ろは，いわゆる**不完全な文（あるはずの名詞が欠けた文）** になります。

例・題▶5 では，is の後ろが空所になっています。また，空所の後ろはI have wanted と続き，have wanted の O が欠けた形になっています。is の後ろには補語が来ますから，名詞節を作ることができる① what が正解です。

完成文 This sweater is what I have wanted for a long time.

訳例 このセーターは長い間私が欲しかったものだ。

例題▶6 複合関係詞の用法を押さえよう！

次の空所に入れるのに最も適切なものを，選択肢①〜④から選びなさい。

A free gift will be won by（　）comes to the box office first.

① anyone　② who　③ whoever　④ whomever　　　　　　（鹿児島大）

この問題は，前置詞 by に着目します。前置詞の後ろには名詞が来ますから，空所には名詞節を作ることができるものを入れる必要があるとわかります。空所の後ろは comes という V に対応する S が欠けた形になっているため，名詞節を作ることができる，主格の複合関係代名詞③ whoever が正解です。① anyone は，関係代名詞 that を用いて anyone that とすれば正しい形になります。② who は意味が通らず，④ whomever は後ろに O が欠けた文を続けるため，誤りです。

完成文 A free gift will be won by whoever comes to the box office first.

訳例 景品は，誰であれチケット売り場に最初に来た人がもらえる。

関係詞に ever をつけた複合関係詞については次の点を押さえましょう。また，代表的な複合関係詞については，表と例文を使って確認しておきましょう。

【複合関係代名詞 whatever / whichever / whoever /whomever】

(1) **後ろに名詞が欠けた形**が来る（what / which / who / whom と同じ）。

(2) これらで始まる節は，すべて**名詞節か副詞節のはたらき**をする。副詞節のはたらきをするときは，no matter ... で書き換えられる。

【複合関係副詞 wherever / however / whenever】

（3）**後ろに名詞が欠けていない形**が来る（where / how / when と同じ）。

（4）これらで始まる節は，すべて**副詞節のはたらき**をする。多くが no matter ... で書き換えられる。

【代表的な複合関係代名詞】

複合関係代名詞	意味とはたらき
whoever 後ろは S が欠けた文	**（1）…な人は誰でも【名詞節】** 例 <u>Whoever comes first</u> is served first. （最初に来た人は誰でも，最初にサービスを受ける） ＊whoever 節が文の S として名詞節のはたらきをしています。
	（2）誰が…しても【副詞節】 ＝ no matter who 例 <u>Whoever may come</u>, I'll concentrate on my homework. （誰が来ても，私は宿題に集中するだろう）
whomever **[whoever]** 後ろは O が欠けた文	**（1）…な人は誰でも【名詞節】** 例 <u>Whomever you choose</u> is welcome. （あなたが選んだ人は誰でも歓迎です） ＊whomever 節が文の S として名詞節のはたらきをしています。
	（2）誰を…しても【副詞節】 ＝ no matter whom [who] 例 <u>Whomever I may know</u>, it's none of your business. （私が誰と知り合いでも，あなたには関係のないことだ）

whatever 後ろは S か O（C） が欠けた文	**（1）…なものは何でも【名詞節】** 例 She gives me <u>whatever I want</u>. （彼女は，私が欲しいものは何でもくれる） ＊whatever 節が文の O として名詞節のはたらきをしています。
	（2）何が［を］…しても【副詞節】 ＝ no matter what 例 <u>Whatever may happen</u>, I won't change my mind. （何が起こっても，私は自分の考えを変えないだろう）
whichever 後ろは S か O（C） が欠けた文	**（1）…なものはどれ［どちら］でも【名詞節】** 例 You can choose <u>whichever you like</u>. （あなたは好きなものをどれ［どちら］でも選んでよい） ＊whichever 節が文の O として名詞節のはたらきをしています。
	（2）どれ［どちら］が［を］…しても【副詞節】 ＝ no matter which 例 <u>Whichever you may choose</u>, you'll be satisfied. （どれ［どちら］を選んでも，あなたは満足するだろう）

複合関係詞の中には，名詞を直後に置いてカタマリを作ることができるものもあります。表と例文を使って，意味やはたらきを確認しておきましょう。

【複合関係代名詞＋名詞の用法】

複合関係代名詞	意味とはたらき
whatever ＋名詞	**（1）…な名詞はどんなものでも【名詞節】** 例 I want to use <u>whatever room is not in use</u>. （私は，使われていないどんな部屋でも使いたい） ＊whatever 節が文の O として名詞節のはたらきをしています。 **（2）どんな名詞が…しても【副詞節】** 　= no matter what ＋名詞 例 <u>Whatever difficulty I may be faced with</u>, I will overcome it. （どんな困難に直面しても，私はそれを克服するだろう）
whichever ＋名詞	**（1）…な名詞はどれ［どちら］でも【名詞節】** 例 You can choose <u>whichever room you like</u>. （あなたが気に入る部屋はどれ［どちら］でも選んでよい） ＊whichever 節が文の O として名詞節のはたらきをしています。 **（2）どの［どちらの］名詞を…しても【副詞節】** 　= no matter which ＋名詞 例 <u>Whichever way you may go</u>, you'll be successful. （どの［どちら］の道を行っても，あなたはうまくいくだろう）

＊ whatever は不特定のものから選択する場合に用います。これに対して，whichever は限定されたものから選択する場合に用います。

【代表的な複合関係副詞】

複合関係副詞	意味とはたらき
whenever	（1）いつ…しても【副詞節】 例 <u>Whenever you may come,</u> I'll welcome you. （あなたがいつ来ても，私はあなたを歓迎する） （2）…するときはいつも【副詞節】 = no matter when 例 <u>Whenever I walk around here,</u> I see some cats. （このあたりを歩くときはいつも，数匹のネコを見かける）
wherever	どこで［へ／に］…しても【副詞節】 = no matter where 例 <u>Wherever your pet cat goes,</u> we can track it through the microchip. （ペットのネコがどこへ行っても，マイクロチップで追跡できる）
however	どのように…しても【副詞節】 例 You can eat the Japanese dish <u>however you like.</u> （その日本料理を好きなように食べてよい）
however + 形容詞／副詞	どれほど…でも【副詞節】 = no matter how 形容詞／副詞 例 <u>However hard I tried,</u> I couldn't open the box. （どれほど頑張っても，私はその箱を開けられなかった） ＊however の後ろに形容詞や副詞を置くパターンは入試で頻出です。

最後にもう1問，問題を解いておきましょう。

例題 → 7　連鎖関係詞節の構造を理解しよう！

次の空所に入れるのに最も適切なものを，選択肢①〜④から選びなさい。
I was looking for a man （　　）I thought was around the park.
① who　② whom　③ what　④ which

この問題は，空所の後ろの形に着目します。空所の後ろには，I thought was around the park という表現が続いていますが，これは I thought S was around the park「S は公園の周辺にいると思った」の S が欠けた形です。そこで，主格の関係代名詞を入れることを考えます。人が先行詞のときに，主格の関係代名詞として使うことのできる① who が正解です。

完成文 I was looking for a man who I thought was around the park.
訳 例　私は，公園の周辺にいると（私が）思った男を探していた。

連鎖関係詞節の仕組み

ここで，この文の元の 2 つの文を考えてみましょう。例題 → 7 では，次のような 2 文が元になっていると考えられます。

❶　I was looking for a man.（私は男を探していた）
❷　I thought the man [he] was around the park.
（私はその男［彼］が公園の周辺にいると思った）

❷の文の thought の後ろには接続詞の that が省略されています。that 節内の S である he を主格の関係代名詞 who に変えて，節頭に出すと，who I thought was around the park という関係代名詞節ができあがります。

このように，**that 節内の名詞を関係代名詞に変えて節頭に出す場合，その節を連鎖関係詞節と呼びます**。連鎖関係詞節というと難しく聞こえるかもしれませんが，believe や agree，expect，think など，that 節を後続させる動詞であれば基本的に作ることができ，よく見られる形です。

> 例 This is a woman who I believe is suitable for the job.
> （こちらがその仕事に適任だと私が信じる女性です）

なお，上の例文の who は省略することも可能です。関係詞節の中に that
節が入り込んだ構造であるため，複雑に思えるかもしれませんが，**元の2文
を考える**と理解しやすいでしょう。

❶　This is <u>a woman</u>.（こちらは<u>女性</u>だ）

❷　I believe <u>the woman [she]</u> is suitable for the job.
　　（私は<u>その女性［彼女］</u>がその仕事に向いていると信じている）

○　　関係詞の重要ポイント　　○

❶関係代名詞の仕組みを押さえる

　関係詞の文を考える際には，「関係詞を用いた文は，もともとは2つの文である」という点を意識することが重要です。

❷関係副詞の仕組みを押さえる

　関係代名詞節と関係副詞節の形の違いを押さえましょう。

　(1) 関係代名詞の後ろは名詞が欠けた文

　(2) 関係副詞の後ろは名詞が欠けていない文

❸関係代名詞 what の用法を押さえる

　関係代名詞 what については，次の3点を確認しましょう。

　(1)「…こと，…もの」という意味がある

　(2) 名詞節を作る（文の中でSやOやCのはたらきをする）

　(3) 後ろはいわゆる不完全な文（あるはずの名詞が欠けた文）

❹複合関係詞は名詞節か副詞節のはたらきをする

❺連鎖関係詞節は元の2文を考える

Try it out! 練習問題

次の空所に入れるのに最も適切なものを，選択肢①～④から選びなさい。

No. 1 LEVEL ★★☆　　　　　　　　　CHECK ☐☐☐☐

I do not think the number of people （　　） this rule applies is very large.

① to whom
② whom
③ of which
④ in which
（駒澤大）

No. 2 LEVEL ★★☆　　　　　　　　　CHECK ☐☐☐☐

The advantage will be with （　　） chooses to act first.

① however
② whom
③ whoever
④ which
（関西学院大）

No. 3 LEVEL ★★☆　　　　　　　　　CHECK ☐☐☐☐

（　　） I read in the newspaper was hard to believe, but it turned out to be true.

① That
② Who
③ What
④ Which
（亜細亜大）

No. 4 LEVEL ★★☆　　　　　　　　　CHECK ☐☐☐☐

My teacher recommended several books to the class, （　　） has become a bestseller.

① that
② which
③ one of that
④ one of which
（関西学院大）

No. 5 LEVEL ★☆☆　　　　CHECK ☐☐☐☐

Do you remember the scene in the movie （　　） the police officer finds the robber?

① for
② there
③ where
④ which　　　　　（関西学院大）

No. 6 LEVEL ★★☆　　　　CHECK ☐☐☐☐

Chieko at last found a place （　　） she was content to call home.

① what
② when
③ which
④ whom　　　　　（日本大）

No. 7 LEVEL ★★★　　　　CHECK ☐☐☐☐

Last month he mentioned an interesting book, （　　） I now can't remember.

① which title
② with title which
③ in which the title
④ the title of which　　　　　（関西学院大）

No. 8 LEVEL ★★☆　　　　CHECK ☐☐☐☐

The girl （　　） your sister turned out to be a complete stranger.

① whom I thought was
② who was I thought
③ I thought was
④ was who I thought　　　　　（高知大）

No.1　① to whom

I do not think the number of people （　①　） this rule applies is very large.

正解への思考プロセス

(1) 動詞 think に着目します。本問では，think の後ろに接続詞の that が省略されており，think の目的語となる that 節内は，the number of people が S，is が V という構造になっていることをつかみます。

(2) people を先行詞としてこれに説明を加える形になっていることを見抜き，元の 2 文を考えます。

❶ I do not think the number of <u>people</u> is very large.

（私は，<u>人々</u>の数はそれほど多くないと思う）

❷ This rule applies to <u>the people</u>.

（このルールは<u>その人々</u>にあてはまる）

(3) 人を先行詞とする関係代名詞節を考えます。2 文目の the people は，apply to A「A に当てはまる」という表現の A にあたり，前置詞 to の O として用いられているため，これを whom に変えて to whom ごと節頭に出した① to whom が正解です。

> **完成文** I do not think the number of people to whom this rule applies is very large.
>
> **訳 例** 私は，このルールが当てはまる人の数はそれほど多くないと思う。

No.2　③ whoever

The advantage will be with （　③　） chooses to act first.

正解への思考プロセス

(1) 前置詞 with に着目します。前置詞の後ろには名詞が来ますから，空所には名詞節を作ることができるものを入れる必要があるとわかります。

(2) 空所の後ろは chooses という V に対応する S が欠けた形になっているため，名詞節を作ることができる主格の複合関係代名詞③ whoever が正解です。whoever を入れることで，whoever chooses to act first「誰であれ最初に行動することを選択した人」という自然な意味の節ができていることを確認しておきましょう。

＊① however は後ろに完全な文を続ける必要があるため，② whom は後ろに O が欠けた文が来るため，それぞれ誤りです。また，④ which は，空所に入れると「どれ［どちら］（人以外）が最初に行動することを選択するか」という不自然な意味になるため，誤りです。

> 〔完成文〕 The advantage will be with whoever chooses to act first.
> 〔訳 例〕 利益は，誰であれ最初に行動することを選択した人とともにある。

No.3 ③ What

（ ③ ）I read in the newspaper was hard to believe, but it turned out to be true.

正解への思考プロセス

(1) コンマの前までの文の構造に着目します。was が V であることから，空所には S としてはたらく名詞節を作ることができるものを入れる必要があるとわかります。

(2) 空所の後ろは I read と続き，read の O が欠けた形になっています。関係代名詞 what を入れると，「新聞で私が読んだこと」という自然な意味の節を作ることができるため，③ What が正解です。

> 〔完成文〕 What I read in the newspaper was hard to believe, but it turned out to be true.
> 〔訳 例〕 私が新聞で読んだことは信じがたかったが，それは本当だとわかった。

No.4 ④ one of which

My teacher recommended several books to the class, （ ④ ）has become a bestseller.

正解への思考プロセス

(1) 文全体の構造を考えます。books を先行詞としてこれに説明を加える形になっていることを見抜き，元の 2 文を考えます。

❶ My teacher recommended several books to the class.
（私の先生はクラスに数冊の本を紹介した）

❷ One of the books has become a bestseller.
（その本のうち 1 冊はベストセラーになった）

(2) 人以外を先行詞とする関係代名詞節を考えます。空所の後ろに has become
というVがあることから，このVに対応するSとして使えるものを選びます。
3人称単数のものを入れる必要があるとわかるため，④ one of which が正
解です。

＊② which は，先行詞が books という複数名詞であることから，関係代名詞節
内のVが have become ではない本問では，誤りです。① that は，そもそも「コ
ンマ＋ that の形」が原則として使われないため，誤りです。また，③ one of
that も，このような形で関係代名詞 that を使うことはできないため，誤りで
す。

> 〔完成文〕 My teacher recommended several books to the class, one of
> which has become a bestseller.
> 〔訳例〕 私の先生はクラスに数冊の本を紹介したが，そのうちの1冊はベストセラー
> になった。

No. 5　③ where

Do you remember the scene in the movie （　③　） the police officer finds the
robber?

正解への思考プロセス

(1) 文全体の構造を考えます。scene を先行詞としてこれに説明を加える形に
なっていることを見抜き，元の2文を考えます。

❶ Do you remember the scene in the movie?
（あなたはその映画の場面を覚えていますか）

❷ The police officer finds the robber there [in the scene].
（警察官はそこで［その場面で］強盗を見つける）

(2) 空所の後ろには the police officer finds the robber と続いています。この
部分だけでも文の要素がすべてそろっているため（SVO という名詞が欠け
ていない文が来ているため），空所には関係副詞を入れることを考えます。
③ where が正解です。

> 〔完成文〕 Do you remember the scene in the movie where the police
> officer finds the robber?
> 〔訳例〕 その映画の中で，警察官が強盗を見つける場面を覚えていますか。

Chieto at last found a place （ ③ ） she was content to call home.

正解への思考プロセス

（1）文全体の構造を考えます。place を先行詞としてこれに説明を加える形になっていることを見抜き，元の 2 文を考えます。

❶ Chieko at last found a <u>place</u>.

（チエコはとうとう<u>場所</u>をみつけた）

❷ She was content to call <u>the place</u> home.

（彼女は満足して<u>その場所</u>を home と呼ぶ）

（2）空所の後ろは she was content to call home と続き，call O C「O を C と呼ぶ」という表現の O が欠けた形になっています。そこで，目的語として使えるものを選びます。人以外が先行詞のときに，目的格の関係代名詞として使うことのできる③ which が正解です。

完成文 Chieko at last found a place which she was content to call home.

訳例 チエコは，満足して home と呼ぶ場所をとうとう見つけた。

Last month he mentioned an interesting book, （ ④ ） I now can't remember.

正解への思考プロセス

（1）文全体の構造を考えます。book を先行詞としてこれに説明を加える形になっていることを見抜き，元の 2 文を考えます。

❶ Last month he mentioned an interesting <u>book</u>.

（先月，彼は面白い<u>本</u>について話してくれた）

❷ I now can't remember the title of <u>the book [it]</u>.

（私は今では，<u>その本［それ］</u>のタイトルを思い出せない）

（2）the title of the book [it]「その本［それ］のタイトル」はひとかたまりと考えます。book を which に変えて，the title of which ごと節頭に移動させた形である④ the title of which が正解です。

＊「私が今ではそのタイトルを思い出せない本」のように，I now can't remember の部分は空所の直前にある名詞 book を説明していると考えられるため，完成文は所有格の関係代名詞 whose を用いて，次のように書き換えることも可能です。

Last month he mentioned an interesting book, whose title I now can't remember.

〈完成文〉 Last month he mentioned an interesting book, the title of which I now can't remember.

〈訳例〉 先月，彼は面白い本について話してくれたが，私は今ではそのタイトルを思い出せない。

No.8 ③ I thought was

The girl （ ③ ） your sister turned out to be a complete stranger.

▶ 正解への思考プロセス

(1) 文全体の構造を考えます。The girl が S，turned out to be が V という構造になっていることから，girl を先行詞としてこれに説明を加える形になっていることを見抜き，元の 2 文を考えます。

❶ The girl turned out to be a complete stranger.
　（その女の子はまったく知らない人だとわかった）

❷ I thought the girl [she] was your sister.
　（私は，その女の子［彼女］があなたの妹［姉］だと思った）

(2) 選択肢を見ると，いわゆる連鎖関係代名詞節の形として正しいものを選ぶ必要があるとわかります。そこで，元の文 I thought the girl [she] was your sister. の the girl [she] という S を主格の関係代名詞に変えた，who I thought was your sister という形を作ります。この場合，who は省略することができるため，③ I thought was が正解です。

〈完成文〉 The girl I thought was your sister turned out to be a complete stranger.

〈訳例〉 あなたの妹［姉］だと私が思った女の子は，まったく知らない人だとわかった。

168

暗記パートでは，関係詞の重要な知識事項を一気に学びます。

それでは，さっそく例題を解いてみましょう。

例·題▶ 次の空所に入れるのに最も適切なものを，選択肢①～④から選びなさい。

Food is to the body （　　） reading books is to the mind.
① how　② what　③ when　④ which
（青山学院大）

この問題は，見た瞬間に② what が正解だと判断したい問題です。それは，A is to B what C is to D が「A の B に対する関係は，C の D に対する関係だ」という意味の慣用表現だからです。このような関係詞の重要表現をまとめました。例文を見ながら覚えていきましょう。

完成文 Food is to the body what reading books is to the mind.

訳例 食べ物の身体に対する関係は，読書の精神に対する関係と同じだ。

No.009

【what の重要表現】

表現と意味	例文
▶ what S is [used to be]「現在の［かつての］S」	What she is today is not what she used to be.（現在の彼女は，かつての彼女ではない）
▶ what is 比較級「さらに…なことに」	We got lost. What was worse, it began to rain.（私たちは道に迷った。さらに悪いことに,雨が降り始めた）
▶ what is called [what we call] A「いわゆる A」	The concept you described is what is called a "market economy."（あなたが説明した概念は，いわゆる「市場経済」だ）

▶ **what with A and (what with) B** (*) 「**A やら B やらが理由で**」	What with a food shortage **and** the cold wave, the animal species had difficulty surviving. （食料不足やら寒波やらで，その動物種は生き延びるのが難しかった）
▶ **what (little / few) ＋名詞** 「**(少ないながら) すべての〜**」	She spent **what (little) money** she had on food. （彼女は，（少ないながら）持っていたすべてのお金を食べ物に費やした）

【POINTS】

＊：partly because of A and B と同様の意味です。

THEME
テーマ

8

比　較

比較の文は，その基本構造が理解できていれば，スムーズに理解できます。比較の単元には慣用表現が多いため，苦手とする受験生も多いところですが，その多くは理屈で覚えられます。比較の文の基本的な考え方を使いながら，1つひとつ確認していきましょう。思考パートでは原級と比較級を中心に学習し，暗記事項がほとんどである最上級は暗記パートで学習します。

思考パート Think about it!

さっそく例題を解いてみましょう。

例題 1 比較の基本構造を確認しよう！

次の空所に入れるのに最も適切なものを，選択肢①〜④から選びなさい。
My daughter is a first-year student in college, but she has（　　）homework than she did when she was a high school student.
① fewer　② less　③ less often　④ smaller　　　　　　　（中央大）

空所に比較級の語句を入れる問題です。このような問題では「元の文」，つまり比較級にする前の文を考えることが重要です。but より後ろの部分について，「元の文」を考えてみましょう。

She has ____ homework.（彼女は____宿題を持っている）
She did when she was a high school student.
（彼女は高校生のころ，そうだった）

もともとはこのような文を前提にした形であると考えられます。____の部分に入るのは不可算名詞 homework にかかる形容詞だと考えられますから，few でも often でも small でもなく，little が適切です。そこで，little「少ない」を比較級にした less「より少ない」を空所に入れます。②が正解です。

完成文 My daughter is a first-year student in college, but she has less homework than she did when she was a high school student.

訳 例 私の娘は大学1年生だが，高校生のときよりも宿題が少ない。

このように，**比較の文では「元の文」を考えると，正しい文構造をつかみやすくなります**。シンプルな例文で比較の文の作り方を確認しておきましょう。

まず，Mary works hard.（メアリーは一生懸命働く）という「元の文」があるとします。この文から A as ... as B「A は B と同じくらい…」という比較の文を作る方法を考えます。

例 Mary works <u>as</u> hard.（メアリーは同じくらい一生懸命働く）

＊hard の前に「同じくらい」という意味の as を置きました。これだけでも文は成り立ちます。比較対象が明らかなときや比較対象をあえて言う必要がないようなときは特にそうです。

例 Mary works as hard <u>as Joshua（does）</u>.
（メアリーはジョシュアと同じくらい一生懸命働く）

＊as Joshua（does）「ジョシュア（がそうするの）と」を hard の後ろに置き，比較対象を示しました。これで完成です。

次に，比較級を用いた文の作り方も見ておきます。

例 Mary works <u>harder</u>.（メアリーはより一生懸命働く）

＊hard を比較級 harder に変えて，「より一生懸命」という意味にしました。これだけでも文は成り立ちます。

例 Mary works harder <u>than Joshua（does）</u>.
（メアリーはジョシュアよりも一生懸命働く）

＊than Joshua（does）「ジョシュア（がそうする）よりも」を harder の後ろに置き，比較対象を示しました。これで完成です。

例題→2 倍数表現を押さえよう！

次の空所に入れるのに最も適切なものを，選択肢①～④から選びなさい。

The land our company plans to buy is （　　） Tokyo Dome.

① three times as large as　　② as large three times as

③ as three times large as　　④ as three times as　　　　　（中央大）

問題文と選択肢から，この文全体は「私たちの会社が買おうと計画している土地は，東京ドームの３倍の広さだ」という意味になりそうです。**「～のX倍…」という意味を表すにはX times as ... as ～という表現**を使いますから，three times as large as を空所に入れればよいとわかります。①が正解です。

> **完成文** The land our company plans to buy is three times as large as Tokyo Dome.
>
> **訳例** 私たちの会社が買おうと計画している土地は，東京ドームの３倍の広さだ。

なお，**「～の２倍…」と言いたいときは twice as ... as ～**を使います。また，問題文と同様の意味は，次のように size「大きさ，広さ」という名詞を使って表すこともできます。この機会にチェックしておきましょう。

> **例** The land our company plans to buy is <u>three times the size of</u> Tokyo Dome.
>
> （私たちの会社が買おうと計画している土地は，東京ドームの３倍の広さだ）

例題→3 比較対象を明示しない比較級と比較級の強調表現を押さえよう！

次の空所に入れるのに最も適切なものを，選択肢①～④から選びなさい。

The first concert we attended together was good, and the second one was even （　　）.

① worse　② bad　③ better　④ good　　　　　（成城大　改）

and より前の部分では「私たちが一緒に行った最初のコンサートはよかった」と述べています。そこで, and より後ろの部分の意味を考えます。even があることから,「2つ目のものは（1つ目と比べて）さらによかった」とすれば文の意味が自然に通るため, 空所には better「よりよい」を入れます。③が正解です。

> 〈完成文〉 The first concert we attended together was good, and the second one was even better.
>
> 〈訳 例〉 私たちが一緒に行った最初のコンサートはよかったし, 2つ目のものはさらによかった。

例題▶3 の文でも見られるように, **比較対象が明らかな場合, 対象はしばしば省略される**ことがあり, 本問では better の後ろに than the first one が省略されています。読解では比較対象を補いながら読み進めなければならないこともありますので, 頭の片隅に置いておきましょう。

比較級の強調表現

例題▶3 では, 比較級の強調表現として even「さらに」が使われています。比較級の強調表現については下のまとめを確認しておいてください。**重要な点は, very は使わない**ということです。

「ずっと」の意味の強調で使う副詞	▶ much　▶ far　▶ by far
「さらに」の意味の強調で使う副詞	▶ even　▶ still　▶ yet

それではもう1問，問題を解いてみましょう。

例題▶4 | the 比較級 ..., the 比較級 〜の表現を確認しよう！

次の空所に入れるのに最も適切なものを，選択肢①〜④から選びなさい。
The earlier you come to the office, (　　) you can leave.
① early　② earlier　③ the early　④ the earlier　　　　　　（芝浦工大）

問題文の The earlier に着目すると，the 比較級 ..., the 比較級 〜「…であればあるほど，その分ますます〜」という表現を使うのではないかと考えることができます。よって，④ the earlier が正解です。

〈完成文〉 The earlier you come to the office, the earlier you can leave.
〈訳例〉 出社するのが早ければ早いほど，その分早く退社できる。

the 比較級 ..., the 比較級 〜「…であればあるほど，その分ますます〜」という表現では，元の2文を考えることが重要です。例えば，**例題▶4** の文はもともと，次の2文を前提にしています。

❶ You come to the office <u>early</u>.（あなたは早く出社する）
❷ You can leave <u>early</u>.（あなたは早く退社できる）

❶の文の early を earlier に変えて the をつけて前に出すと，The earlier you come to the office となります。また，❷の文の early を earlier に変えて the をつけて前に出すと，the earlier you can leave となります。

同様のことは次の例文でも言えます。元の2文を考えてみてください。

例 <u>The longer</u> you walk, <u>the more tired</u> you become.
（歩くのが長ければ長いほど，その分ますます疲れる）

❶ You walk <u>long</u>.（あなたは長く歩く）

❷ You become <u>tired</u>.（あなたは疲れる）

＊後半の部分は_×<u>the more you become tired</u> としないよう注意しましょう。tired の比較級 more tired に the をつけて the more tired ごと前に出す必要があります。

もう1つ例文を見ておきましょう。こちらも同様に，まずは元の2文を考えてみてください。

> **例** <u>The harder</u> she worked, <u>the more</u> money she was able to earn.
> （一生懸命に働けば働くほど，その分ますます彼女はお金を稼ぐことができた）

❶ She worked <u>hard</u>.（彼女は一生懸命に働いた）

❷ She was able to earn <u>much</u> money.（彼女は多くのお金を稼ぐことができた）

＊比較級にする形容詞と名詞が結びついている場合（ここでは much money），ひとかたまりで前に出します。後半を_×<u>the more she was able to earn money</u> としないよう注意が必要です。

the 比較級 ..., the 比較級 〜という表現には the が2つ登場しますが，1つ目の the は「…であればあるほど」という意味を，2つ目の the は「その分ますます」という意味を表します。2つ目の意味の the は次のような文でも使われます。この文では all the 比較級 ...「その分ますます」という表現が使われており，「その分」の内容は because 節の内容を受けています。

> **例** His success is <u>all the more</u> impressive because he made a tremendous effort.
> （とてつもない努力をしたので，彼の成功はその分ますます感銘を与える）

次の空所に入れるのに最も適切なものを，選択肢①〜④から選びなさい。
Clean water is no （　　） necessary to good health than fresh air.
① most　② better　③ further　④ less　　　　　　　　　　　　（青山学院大）

空所に less を入れることで，A no less ... than B「B と同じように A も…」
という表現を作ることができます。④ less が正解です。

完成文 Clean water is no less necessary to good health than fresh
air.

訳例 新鮮な空気と同じように，きれいな水は良い健康にとって必要だ。

例題▶**5** は，no ＋比較級を用いた表現です。まずは no ＋比較級の基本に
ついて確認しておきましょう。次の例文を見てください。

例 The kitten is <u>no larger than</u> the mouse. ≒
The kitten is <u>as small as</u> the mouse.
（その子猫はネズミと同じくらいの小ささだ）

この例文では，比較級 larger の前に no が置かれています。比較級の前に
置かれる語は，「差」や「程度」を表すため，子猫とネズミの大きさに差が
ない（no ＝差がゼロである＝同じくらいである）ことを表しています。仮に，
この no larger の部分が much larger であれば，「大きな差がある」こと
を表します。また，**A no ＋比較級 ... than B 〜は，原則として A as ＋（比
較級とは反対の意味の）形容詞／副詞 ... as B 〜とほぼ同じ意味**になります。

no ＋比較級 ... than 〜 ≒ as ＋形容詞／副詞の原級 ... as 〜（意味は A ＝ B）

比較級とは反対の意味の形容詞／副詞

例題 5 は，クジラ構文やクジラの公式などと呼ばれることもある慣用表現です。**A no less ... than B ～「B が～であるのと同様に，A も…である」**や **A no more ... than B ～「B が～でないのと同様に，A も…でない」** というこの慣用表現を理解するために，まずは次の例文を見てください。

例1 A penguin is <u>no less</u> a bird <u>than</u> an owl is.

（フクロウが鳥類であるのと同じように，ペンギンも鳥類である）

例2 A penguin is <u>no more</u> a mammal <u>than</u> a frog is.

（カエルが哺乳類でないのと同じように，ペンギンも哺乳類でない）

比較の文は 2 つの文を元にしているのが原則であるため，まずは元の 2 文から考えてみましょう。**例1** は，次のような文をもとにしています。

❶ A penguin is a bird.（ペンギンは鳥類だ）

❷ An owl is a bird.（フクロウは鳥類だ）

A no less ... than B ～は，先ほど確認した no ＋比較級の形です。したがって，❶と❷には「差がない」ことを表すため，**例1** は「フクロウが鳥類であるのと同じように，ペンギンも鳥類である」という意味になります。

それでは，**例2** の文も確認しておきましょう。**例2** は，次のような 2 文を元にしています。

❶ A penguin is a mammal.（ペンギンは哺乳類だ）

❷ A frog is a mammal.（カエルは哺乳類だ）

A no more ... than B ～も，先ほど確認した no ＋比較級の形です。ですから，❶と❷には「差がない」ことを表します。しかし，**例2** は，「カエルが哺乳類であるのと同じように，ペンギンも哺乳類である」という意味にはなりません（「カエルが哺乳類でないのと同じように，ペンギンも哺乳類でない」という意味になります）。というのも，**例1** では，❷の文に「フクロウは鳥

類だ」という「正しい例」が来ていたのに対して，**例2**では**❷**の文に「カエルは哺乳類だ」という「誤った例」が来ているからです。**例2**は，「カエルは哺乳類だ」というあり得ない例を引き合いに出して，「ペンギンが哺乳類でない」ということを言いたいのです。なお，**例2**の文は，次のように not ... any more than ～という表現を用いて表されることもあります。

例3 A penguin is <u>not</u> a mammal <u>any more than</u> a frog is.

例4 A penguin is <u>not</u> <u>any more</u> a mammal <u>than</u> a frog is.

（カエルが哺乳類でないのと同じように，ペンギンも哺乳類でない）

比較の重要ポイント

❶比較の基本構造を理解する

比較の文では，正しい文構造をつかむために，「元の文」を考えましょう。

❷倍数表現を押さえる

X times as ... as 〜という表現を用いて「〜の X 倍…」という意味を表すことができます。

❸比較対象は省略される場合がある

❹比較級の強調表現を確認する

very は比較級の強調表現として使われないことに注意しましょう。

「ずっと」の意味の強調で使う副詞：much / far / by far

「さらに」の意味の強調で使う副詞：even / still / yet

❺ the 比較級 ..., the 比較級 〜の表現を確認する

the 比較級 ..., the 比較級 〜は「…であればあるほど，その分ますます〜」という意味を表します。元の 2 文を考えることで，構造を正しく理解しましょう。元の文の中にある形容詞や副詞を比較級にして the をつけて前に出すことで完成しますが，その際，語順には注意が必要です。

❻ no ＋比較級の基本を押さえる

no ＋比較級 ... than 〜は，as ＋（比較級とは反対の意味の）形容詞／副詞 ... as 〜と同様の意味になります。

❼クジラ構文（クジラの公式）の仕組みを理解する

A no less ... than B 〜

「B が〜であるのと同様に，A も…である」

A no more ... than B 〜

「B が〜でないのと同様に，A も…でない」

次の空所に入れるのに最も適切なものを，選択肢①〜④から選びなさい。

No. 1　LEVEL ★★☆　　　　　　　　　　CHECK ☐☐☐☐

It is true that love is important, but friendship is （　　） so.

①　less so
②　no less
③　no more than
④　no less than　　　　　　　　　　（高知大　改）

No. 2　LEVEL ★☆☆　　　　　　　　　　CHECK ☐☐☐☐

To my surprise, I heard Tom has （　　） as I do.

①　books as twice many
②　books twice as many
③　twice books as many
④　twice as many books　（獨協医科大　改）

No. 3　LEVEL ★★☆　　　　　　　　　　CHECK ☐☐☐☐

Robots can handle some difficult tasks more （　　） than people.

①　easier
②　easily
③　easiness
④　easy　　　　　　　　　　　　　（立命館大）

No. 4　LEVEL ★☆☆　　　　　　　　　　CHECK ☐☐☐☐

The spread of the disease has increased （　　） than in the preceding weeks.

①　less slow
②　more slowly
③　more slower
④　slow more　　　　　　　　　　（自治医大）

No. 5 LEVEL ★★☆ CHECK ☐☐☐☐

The more often people overcome troubles together, ( ).

① the emotional connections become stronger between them

② the emotional connections between them become stronger

③ the stronger become the emotional connections between them

④ the stronger the emotional connections between them become

(中央大　改)

No. 6 LEVEL ★★☆ CHECK ☐☐☐☐

The animated film has smashed Japanese box office records. The film's success is made ( ) remarkable by the fact that it opened in the middle of the coronavirus pandemic, when the rest of the entertainment industry was struggling to survive.

① all the more ② nonetheless

③ by no means ④ no more (東邦大　改)

No. 7 LEVEL ★★☆ CHECK ☐☐☐☐

He is only six months old. He can ( ) walk than I can fly.

① not more ② no more

③ not less ④ no less (長野大)

No. 8 LEVEL ★★★ CHECK ☐☐☐☐

誤りの箇所を選びなさい。

① All I hear in the stillness of the night is the ticking of a clock. ② The better I try to ignore it, ③ the more clearly it seems ④ to fall on my ears.

(上智大)

No.1 ② no less

It is true that love is important, but friendship is (②) so.

正解への思考プロセス

(1) It is true ... but ～「確かに…だが、～」という表現に着目し、文全体が「確かに愛は重要だが、友情（　　）そうだ」という意味になることをつかみます。

(2) 空所の直後にある so「そう」は important を指すことを見抜きます。

(3) no less を入れることで、A no less ... (than B ～) で「(B が～であるのと) 同様に、A も…である」という表現を作ることができます。② no less が正解です。

完成文 It is true that love is important, but friendship is no less so.

訳 例 確かに愛は重要だが、同様に友情も重要だ。

No.2 ④ twice as many books

To my surprise, I heard Tom has (④) as I do.

正解への思考プロセス

(1) 設問文と選択肢から、文全体は「驚いたことに、トムは私の2倍の冊数の本を持っていると聞いた」という意味になりそうだとわかります。

(2) 「～の2倍…」は twice as ... as ～という表現を用いて表すことができますが、many books のように元の文において形容詞と名詞が結びついている場合は、as many books as という語順になることに注意が必要です。正しい語順の④ twice as many books が正解です。

完成文 To my surprise, I heard Tom has twice as many books as I do.

訳 例 驚いたことに、トムは私の2倍の冊数の本を持っていると聞いた。

② easily

Robots can handle some difficult tasks more （ ② ） than people.

正解への思考プロセス

(1) than があることから比較級を用いた文であることがわかります。

(2) 次に，元の文を考えます。元の文は，Robots can handle some difficult tasks easily.「ロボットは一部の困難な作業を容易に行うことができる」という文であったと考えることができます。

(3) この文の easily を比較級にした more easily を作ることのできる② easily が正解です。

＊比較級 more と比較級 easier を重ねた more easier という形はないため，① easier は誤りです。また，元の文を考えたとき，×Robots can handle some difficult tasks much easiness. は誤りの文ですから，③ easiness も誤りです。さらに，more easy という形もないため，④ easy も誤りです。

完成文 Robots can handle some difficult tasks more easily than people.

訳例 ロボットは一部の困難な作業を人間よりも容易に行うことができる。

② more slowly

The spread of the disease has increased （ ② ） than in the preceding weeks.

正解への思考プロセス

(1) 元の文を考えます。元の文は，The spread of the disease has increased slowly.「その病気の流行は徐々に（ゆっくりと）拡大している」という文であったと考えることができます。

(2) slowly を比較級にした more slowly「よりゆっくりと」という形を使えばよいとわかるため，② more slowly が正解です。

完成文 The spread of the disease has increased more slowly than in the preceding weeks.

訳例 ここ数週間と比べると，その病気の流行はゆっくりと拡大している。

THEME

8

比較

④ the stronger the emotional connections between them become

The more often people overcome troubles together, (④).

▶ **正解への思考プロセス**

(1) 設問文と選択肢から，the 比較級 ..., the 比較級 ～「…であればあるほど，その分ますます～」という表現を用いた文を作ればよいとわかります。

(2) そこで，元の2文を考えます（前半部分は設問文に書かれているため，後半部分を考えます）。元の文は，The emotional connections between them become strong.「お互いの感情のつながりは強くなる」という文であったと考えることができます。

(3) この文の strong を比較級に変えて the をつけて前に出した，④ the stronger the emotional connections between them become が正解です。

完成文 The more often people overcome troubles together, the stronger the emotional connections between them become.

訳 例 一緒に困難を乗り越える回数が多ければ多いほど，お互いの感情のつながりはその分ますます強くなる。

No.6 ① all the more

The animated film has smashed Japanese box office records. The film's success is made (①) remarkable by the fact that it opened in the middle of the coronavirus pandemic, when the rest of the entertainment industry was struggling to survive.

▶ **正解への思考プロセス**

(1) 1文目では「そのアニメ映画は日本の興行収入記録を破った」と述べています。2文目の by the fact ... struggling to survive「その他のエンターテインメント産業が必死に生き延びようとしていたコロナウイルス感染症の大流行のさなかに公開されたという事実により」という内容から，「その映画の成功はその分ますます目立つものとなっている」とつなげればよいとわかります。

(2) 「その分ますます…」は all the 比較級 ... という表現を用いて表すことができるため，① all the more が正解です。

＊② nonetheless「それにもかかわらず」，③ by no means「決して…ない」
は，空所に入れても文全体の意味が成立しないため，誤りです。また，④ no
more を空所に入れると「同じくらい目立たない」という意味になりますが，
これも不自然です。

> **完成文** The animated film has smashed Japanese box office
> records. The film's success is made all the more remarkable
> by the fact that it opened in the middle of the coronavirus
> pandemic, when the rest of the entertainment industry
> was struggling to survive.
>
> **訳 例** そのアニメ映画は日本の興行収入記録を破った。その映画の成功は，そ
> の他のエンターテインメント産業が必死に生き延びようとしていたコロナウイ
> ルス感染症の大流行のさなかに公開されたという事実により，いっそう目立
> つものとなっている。

No.7 ② no more

He is only six months old. He can （　②　）walk than I can fly.

正解への思考プロセス

(1) 1 文目の「彼は生後わずか 6 か月だ」という内容から，2 文目は「彼は歩く
ことができない」という内容になることをつかみます。

(2) than の直後に I can fly という「誤った例」が来ていることから，A no
more ... than B ～「B が～ないのと同様に，A も…ない」という表現を用
いればよいとわかるため，② no more が正解です。

> **完成文** He is only six months old. He can no more walk than I can
> fly.
>
> **訳 例** 彼は生後わずか 6 か月だ。私が飛べないのと同じように，彼も歩くことが
> できない。

① <u>All I hear</u> in the stillness of the night is the ticking of a clock. ②× <u>The better</u> I try to ignore it, ③<u>the more clearly</u> it seems ④<u>to fall on my ears</u>.

正解への思考プロセス

(1) 2文目で the 比較級 ..., the 比較級 ～「…であればあるほど，その分ますます～」の表現が使われていることに着目します。

(2) 2文目は I try to ignore it well.「それをうまく無視しようとする」と It seems to fall on my ears clearly.「それははっきりと耳に入ってくるように思われる」が元の2文であると考えられます。しかし，これらを the 比較級 ..., the 比較級 ～の文にすると，全体の訳は「それを無視しようとするのがうまければうまいほど，その分ますますはっきりと耳に入ってくるように思われる」となり，「それを無視しようとするのがうまければうまいほど」の部分が不自然な意味になってしまいます。

(3) そこで，元の文は I try to ignore it <u>well</u>. ではなく，I try to ignore it <u>much</u>. だったのではないかと考えてみます。この文を the 比較級 ..., the 比較級 ～の文にして，The more I try to ignore it ...とすれば「それを無視しようとすればするほど…」となり，自然な意味になります。よって，誤りは② The better の部分です。

＊ All I hear in the stillness of the night の All は，「唯一のもの」という意味を持つ代名詞です。直後には関係代名詞 that が省略されていて，この that 節によって修飾されています。直訳をすると「夜の静けさの中で私に聞こえる唯一のもの」です。

完成文 All I hear in the stillness of the night is the ticking of a clock. The more I try to ignore it, the more clearly it seems to fall on my ears.

訳例 夜の静けさの中で私に聞こえるのは，時計の針の音だけだ。それを無視しようとすればするほど，その音はますますはっきりと私の耳に入ってくるように思われる。

---|暗記パート|---（Memorize it!）---

暗記パートでは，比較の重要な知識を一気に学びます。

それでは，さっそく例題を解いてみましょう。

> **例・題➡** 次の空所に入れるのに最も適切なものを，
> 選択肢①〜④から選びなさい。
>
> He knows little of mathematics, （ 　 ） of chemistry.
> ① still less 　　　　② still more
> ③ no less than 　　　④ as well
> 　　　　　　　　　　　　　　　　　　（青山学院大）

この問題は，知識を覚えておけば瞬時に解ける問題です。still [much] less
…で「…はなおさら（〜ない）」という意味になるため，① still less が正解
です。

> （完成文）He knows little of mathematics, still less of chemistry.
> （訳例）彼は数学についてはほとんど知識がない。ましてや化学についてはなおさら知
> 識がない。

このように，比較の問題は覚えておけば済むものが多いのですが，覚えるこ
とが多く，大変だと感じる人もいるでしょう。しかし，すべてを丸暗記する
必要はありません。むしろ，理屈で覚えられる部分は理屈で覚えておいたほ
うが効率的です。知識を学びながら，理屈や使い方を確認していきましょう。

（比較の重要知識）

「原級を用いた表現」「比較級を用いた表現」「最上級を用いた表現」につい
ては，それぞれ表にまとめました。例文を見ながら，1つずつ確認していき
ましょう。

【原級を用いた表現】

No.010

表現と意味	例文
▶ **A as well as B** 「B だけでなく A も」	Tim has a bicycle **as well as** a motorcycle. (ティムはバイクだけでなく自転車も持っている)
▶ **as ... as S can** ≒ **as ... as possible** 「(S が) できる限り…」	She ran **as fast as** she **could**. She ran **as fast as possible**. (彼女はできるだけ速く走った)
▶ **as ... as any** 〜 「どんな〜にも劣らず…」	Mary is **as talented as any** singer I know. (メアリーは私が知るどんな歌手にも劣らず才能がある)
▶ **as ... as ever**（*❶) 「相変わらず…」	He's **as interested in trains as ever**. (彼は相変わらず電車に興味がある)
▶ **as good as ...** 「…も同然だ」	This computer is **as good as** a new one. (このコンピューターは新品も同然だ)
▶ **as many ...**（*❷) 「同じ数の…」	She made three mistakes in **as many** lines. (彼女は 3 行で 3 つのミスをした)
▶ **as much as ...**（*❸) 「…も」	They paid **as much as** 10,000 yen for a small dish. (彼らは小さな皿に 10,000 円も支払った)
▶ **not so much A as B** （*❹) 「A というより B」	He's **not so much** sad **as** (he is) angry. (彼は悲しいというより怒っている)
▶ **not so much as** *do* 「…さえしない」	Ken **didn't so much as** say goodbye when leaving the room. (ケンは部屋を出るとき, さよならを言うことさえしなかった)

【POINTS】

*❶：ever は「かつて」「今までに」という意味なので,「かつてと同じくらい…, 今までに劣らず…」という意味になります。

*❷：as には「同じくらい」という意味がありますから, as many で「同じ数の」という意味になります。例文のように, すでに出た「3」のような数字と同じ数であることを表せます。

*❸：as much as + 数字は, その数字について多いことを強調する表現です。The bookstore opened as early as the 19th century.「その書店は早くも 19 世紀には開店した」のように,

as early as などの表現も使われます。この文では，the 19th century が early であることを強調しています。

*❹：読解では as が離れた位置にあることもありますから，not so much A を見つけたら，as B を予測しましょう。

【比較級を用いた表現】

No.011

表現と意味	例文
▶ **know better (than to** *do*) 「…するほど愚かではない，…しないだけの分別がある」	She knows better than to depend on him again. （彼女は再び彼に頼るほど愚かではない）
▶ **more A than B** ≒ **A rather than B** ≒ **less B than A** 「B というよりも A」	He is **more** a player **than** a supervisor. He is a player **rather than** a supervisor. He is **less** a supervisor **than** a player. （彼は監督というよりも選手だ）
▶ **more often than not** (≒ **usually**) 「たいてい」	More often than not, I stay home on Sundays. （私はたいてい，日曜日は家にいる）
▶ **much [still] less ...** (*❶) 「まして…はなおさら（〜ない）」	I can't afford a new house, **much less** a large one. （私には新しい家を買う余裕などない。ましてや大きな家を買う余裕はなおさらない）
▶ **no more than ...** (*❷) 「…しか」	I had **no more than** 10 yen in my pocket. （私はポケットに 10 円しか持っていなかった）
▶ **no less than ...** (*❸) 「…も」	I had **no less than** 5,000 yen in my pocket. （私はポケットに 5,000 円も持っていた）
▶ **none the 比較級 ...＋理由** 「〜なのにちっとも…ない」	He is **none the wiser** because he reads books. （彼は本を読んでいるのにちっとも賢くない）
▶ **prior to A** ⇔ **posterior to A** 「A より前 ⇔ A より後」	Tom left **prior to** the meeting. （トムは会議の前に出発した） Jerry arrived **posterior to** it. （ジェリーはその後に到着した）

表現と意味	例文
▶ senior to A ⇔ junior to A 「A より年上だ ⇔ A より年下だ」	Jeff is senior to Joan. (ジェフはジョーンよりも年上だ) Joan is junior to Jeff. (ジョーンはジェフよりも年下だ)
▶ superior to A ⇔ inferior to A 「A よりも優れている⇔ A よりも劣っている」	Her cooking skills are superior to his. (彼女の料理の腕前は彼よりも優れている) His cooking skills are inferior to hers. (彼の料理の腕前は彼女よりも劣っている)
▶比較級 ... and 比較級 ... 「ますます…」	Spring is approaching, and it's getting warmer and warmer. (春が近づき, ますます暖かくなっている)

【POINTS】

＊❶：否定文の後に続ける表現です。例文の I can't afford a new house, much less a large one. では, not という否定語が使われています。しかし, 否定語には, little「ほとんど…ない」のような見落としやすいものもあります。このような見落としやすい否定語には, 注意が必要です。

＊❷：思考パートで学習したように, no ＋比較級＋ than ...は「差がない」ことを表し, as ＋反対の意味の形容詞／副詞＋ as ...と同様の意味になります。ですから, 例文の I had no more than 10 yen in my pocket. は, 10円と「差がない」こと, つまり 10円であったことを表します。この文は, I had as little as 10 yen in my pocket. と書き換えることもできます。as little as ＋数字は, 数字が少ないことを強調する表現で,「10円しか」という意味です。また, I had only 10 yen in my pocket. と書き換えることも可能です。

＊❸：no more than を as little as で書き換えることができたのと同様に, no less than は as much as で書き換えることができます。この場合は, 後ろに来る数字が多いことを強調していますから, 例文の I had no less than 5,000 yen in my pocket. は「5,000 円もの（お金）」という意味になります。

【最上級を用いた表現】

No.012

表現と意味	例文
▶ at (the) 最上級 ... (＊❶) 「…とも, どんなに…でも」	She caught at least five fish. (彼女は少なくとも 5 匹の魚を釣った)
▶ make the best of ... 「(不利な状況) を最大限に利用する」	He was determined to make the best of the difficult situation. (彼はその困難な状況を最大限に利用する決意をした)
▶ make the most of ... 「…を最大限に利用する」	She made the most of her break time. (彼女は休憩時間を最大限に利用した)

▶ **not in the least**「少しも…ない」	I'm not in the least interested in the results. （私は結果にはまったく興味がない）
▶ **the ＋序数 ...＋最上級〜**「…番目に〜」	This is the second oldest building in the town. （これはこの町で 2 番目に古い建物だ）
▶ **to the best of ...**「…の限りでは」	To the best of my knowledge, she is still working at the university. （私の知る限りでは，彼女はまだ大学で働いている）
▶ **to say the least**「控えめに言っても」	Her behavior was rude, to say the least. （彼女の振る舞いは，控えめに言っても失礼だった）

【POINTS】

＊❶：at (the) 最上級 ...で，「…とも，どんなに…でも」の意味を表すことができます。at (the) least「少なくとも」や at (the) most「多くとも，せいぜい」が代表的な使い方ですが，これ以外にも at (the) best「よくても，せいぜい」など，バリエーションがあります。

【最上級の強調表現】

最上級の強調表現は，語順が重要です。

▶ **much [by far] the ＋最上級**	例 much [by far] the best（ずば抜けてよい）
▶ **the very ＋最上級**	例 the very best（ずば抜けてよい）

【最上級相当表現】

原級・比較級を用いて，最上級「最も…」に相当する意味を表す表現があります。以下の例文で確認しておきましょう

Time is the most precious (thing).「時間は最も貴重（なもの）だ」

例 Nothing is as precious as time.
（時間ほど貴重なものはない）≒
Nothing is more precious than time.
（時間より貴重なものはない）≒
Time is more precious than anything else.
（時間は他のどんなものよりも貴重だ）

Mt. Fuji is the highest mountain in Japan. 「富士山は日本で最も高い山だ」

例 No other mountain in Japan is as high as Mt. Fuji.
（日本の他のどんな山も富士山ほど高くない）≒

No other mountain in Japan is higher than Mt. Fuji.
（日本の他のどんな山も富士山より高くない）≒

Mt. Fuji is higher than any other mountain in Japan.
（富士山は日本の他のどの山よりも高い）

THEME
テーマ

9

代名詞・名詞・冠詞

代名詞・名詞・冠詞

この章では代名詞・名詞・冠詞について学習します。代名詞は，ある名詞を受けてその代わりとなるものです。**どのようなときにどのような代名詞を用いるか**がポイントとなりますから，仕組みを理解しながら知識の整理をしていきましょう。名詞・冠詞では**可算名詞と不可算名詞の区別**が重要です。可算名詞と不可算名詞では扱いが異なりますから，どのような違いがあるのかを中心に学習していきましょう。

---| 思考パート |--- (Think about it!)

さっそく例題を解いてみましょう。

例題▶**1**	代名詞 it と one を区別しよう！

次の空所に入れるのに最も適切なものを，選択肢①〜④から選びなさい。
Will you lend me a pen if you have （　　）?
① it　② one　③ them　④ those　　　　　　　　　　　　　（立命館大）

空所に代名詞を入れる問題です。文全体は，「もし（1本の）ペンを持っていたら貸してくれませんか」という意味になりそうです。ここでのペンは，「何らかの特定のペン（the pen）」というわけではなく，「どんなものでもいいから1本のペン（a pen）」ということです。このような場合，代名詞は it ではなく one を用います。② one が正解です。③ them は特定の複数名詞の代わりに用いる代名詞であるため，誤りです。なお，④ those は，前に出た複数名詞について繰り返しを避けるときに用います。

〈完成文〉 Will you lend me a pen if you have one?
〈訳例〉 もしペンを持っていたら貸してくれませんか。

例題▶**1** で見たように，代名詞 it を使うのか代名詞 one を使うのかは，代名詞にする前の名詞として，「特定の名詞」または「不特定の名詞」のいずれを想定しているのかで判断します。ルールと例文を確認しておきましょう。

[ルール1] **the ＋名詞「その…」**
 　　　　特定の名詞　➡ 代名詞は it を用いる
[ルール2] **a [an] ＋名詞「とある…，どれでもいいから１つの…」**
 　　　　不特定の名詞　➡ 代名詞は one を用いる

例 I lost a pen yesterday, but I've found <u>it</u> now.

　（私は昨日ペンをなくしたが，それは今では見つかっている）

＊「そのペン（the pen）」という特定のペンが見つかっていると考えるのが
　自然なため，it を用います。

例 I lost my pen yesterday, so I have to buy <u>one</u>.

　（私は昨日ペンをなくしたので，１本買わなければならない）

＊「そのペン（the pen）」という特定のペン，つまりなくしたペンを買うと
　いうのは明らかに不自然ですから，it は使えません。「とあるペン，どれで
　もいいから１つのペン（a pen）」を買わなければならないと考えるのが自
　然なため，one を用います。

それではもう１問，問題を解いてみましょう。

例・題➡ 2 　**代名詞 one，other，another を区別しよう！**

次の空所に入れるのに最も適切なものを，選択肢①〜④から選びなさい。
There were two pens here; John took one of them, and then Mary took
(　　)．
① all others　② one another　③ the other　④ other 　　　（関西学院大）

この問題も，空所に代名詞を入れる問題です。まずは，「ここに２本のペン
があった」という内容を読み取り，them が the two pens を指しているこ
とをつかみましょう。すると，ジョンが「その（２本のペンの）うちの１本」
を持って行ったこと，メアリーは「残った別の１本のペン」を持って行っ
たことがわかります。このような場合，代名詞は the other を用いるため，
③ the other が正解です。なお，① all others は「ほかの残りすべて」と

いう意味で，複数のもののことを指しますが，本問の残りは 1 本であるため，誤りです。② one another は「お互い」という意味の代名詞で，「お互いを持って行った」という不自然な意味になるため，誤りです。また，④ other は others pens「ほかのペン」のように形容詞として用いることはできますが，other 単独で用いることは原則としてありません。

（完成文）There were two pens here; John took one of them, and then Mary took the other.

（訳例）ここに 2 本のペンがあった。ジョンがそのうちの 1 本を持って行き，その後，メアリーがもう 1 本を持って行った。

代名詞の区別

使い分けで混同しやすい 6 つの代名詞 one / another / the other / some / others / the others を整理すると，次のようになります。表やイラストなどを使って，どのような場面でどの代名詞を使うのかを見ていきましょう。

【使い分けで混同しやすい 6 つの代名詞】

one「1 つ」	some「いくつか」
another「どれでもいいから別の 1 つ」	others「どれでもいいから別のいくつか」
the other「残り全部（残りは 1 つ）」	the others「残り全部（残りは複数）」

[1] one「1 つ」

Give me an [one] orange. = Give me one.

↑この中から，どれでもいいから 1 つ

198

[2] another「どれでもいいから別の1つ」

Give me another orange. = Give me another.

↑確保　↑この中から，どれでもいいから別の1つ

＊another が「どれでもいいから別の1つ」という意味であることは，
another ＝ an ＋ other であり，an が「どれでもいいから1つ」という
意味を持つことを考えると理解しやすいはずです。

[3] the other「残り全部（残りは1つ）」

Give me the other orange. = Give me the other.

↑確保　　↑残り全部（1つ）

＊「残りすべて」を表すときは，the をつけます。

[4] some「いくつか」

Give me some oranges. = Give me some.

↑この中から，どれでもいいからいくつか

[5] others「どれでもいいから別のいくつか」

Give me other oranges. = Give me others.

↑確保　↑この中から，どれでもいいから別のいくつか

＊複数ですから，others と s がついています。

[6] the others「残り全部（残りは複数）」

Give me the other oranges. = Give me the others.

↑確保　↑残り全部（複数）

＊「残りすべて」を表すときは，the をつけます。このとき，残りは複数で
すから，others と s がついています。

なお，次のように慣用的に用いられる表現もあります。

> **例** Learning is <u>one</u> thing, and teaching is <u>another</u>.
>
> （学ぶことと教えることは別物だ）
>
> ＊ one と another がセット
>
> **例** <u>Some</u> people like living in the city, while <u>others</u> like living in the country.
>
> （都会に住むのが好きな人もいれば，田舎に住むのが好きな人もいる）
>
> ＊ some と others がセット

次の問題を見てください。

例・題 ▶ 3 **「すべて」の意味の代名詞を押さえよう！**

次の空所に入れるのに最も適切なものを，選択肢①〜④から選びなさい。
（　　） of the students was present at the meeting yesterday.
① Every　② Each　③ Both　④ All

この問題は，was に着目します。V が was であることから，S は単数扱いの名詞であることがわかります。選択肢の中で，単数扱いの代名詞として用いることができるのは Each だけであるため，② Each が正解です。なお，① Every には代名詞としての用法がなく，③ Both と ④ All は複数扱いをするため，それぞれ誤りです。

完成文 Each of the students was present at the meeting yesterday.
訳 例 学生たちのそれぞれが昨日の会議に出席していた。

これらの代名詞も，それぞれがどのようなときに使われるのかを整理しておくと便利です。次の表でチェックしましょう。

代名詞と意味		使われる場面
each「それぞれ」	単数扱い	2つまたはそれ以上のうちのそれぞれ
either「どちらか一方」	単数扱い	2つのうちのどちらか一方
neither「どちらも…ない」	単数扱い	2つのうちのどちらも…ない
both「両方」	複数扱い	2つのうちの両方
all「すべて」	複数扱い	3つ以上のうちのすべて

例題▶ 4　「ほとんど」の意味の代名詞を押さえよう！

（　　） the cats in the room are used to people.

① Almost　② Almost of　③ Most　④ Most of

文全体は，「その部屋のネコのほとんどが人になれている」という意味になりそうです。「Aのうちのほとんど」は most of the As の形で表します。よって，④ Most of が正解です。なお，Almost は副詞であり，代名詞ではありません。almost of の形で用いることはできないため，② Almost of は誤りです。また，① Almost と③ Most はそもそも，almost the cats や most the cats という形で用いることができないため，それぞれ誤りです。

（完成文）Most of the cats in the room are used to people.

（訳 例）その部屋のネコのほとんどが人になれている。

日本語で「ほとんど」の意味になる表現は次の5つです。表で確認しながら，正しい形を押さえておきましょう。

表現	意味
❶ most of the ＋名詞	～のほとんど
❷ almost all the ＋名詞	
❸ almost all of the ＋名詞	
❹ most ＋名詞	ほとんどの～
❺ almost all ＋名詞	

＊可算名詞の場合，名詞は複数形になります。

例を使って，正しい形を再度確認しておきましょう。

「ネコのうちのほとんど」（複数のネコの中から選び出して「ほとんど」）

❶ <u>most of the</u> cats = ❷ <u>almost all the</u> cats = ❸ <u>almost all of the</u> cats

「ほとんどのネコ」（ただ単に「ほとんど」のネコ）

❹ <u>most</u> cats = ❺ <u>almost all</u> cats

形容詞と代名詞の区別

every / each / most / almost は，その用法がよく問題になります。例えば，every には every child「すべての子ども」のように形容詞としての用法がありますが，代名詞としての用法はありません。また，almost の品詞は副詞であり，形容詞や代名詞としての用法はありません。表を使って知識を整理しておきましょう。

【形容詞と代名詞の区別がよく問題になる語】

	形容詞としての用法	代名詞としての用法
every	○ [例] every dog	× ~~every of the dogs~~
each	○ [例] each dog	○ [例] each of the dogs
most	○ [例] most dogs	○ [例] most of the dogs
almost	× ~~almost dogs~~	× ~~almost of the dogs~~

例題▶5　代名詞 that, those の用法を押さえよう！

次の空所に入れるのに最も適切なものを，選択肢①〜④から選びなさい

The population of China is much larger than （　　） of Japan.

① it　② one　③ that　④ those　　　　　　　　　　（立命館大）

空所に代名詞を入れる問題です。文全体は，「中国の人口は，日本の人口よりもずっと多い」という意味になりそうです。そこで，空所に the population の繰り返しを避けるための代名詞 that を入れます。③ that が正解です。なお，① it は of Japan のような修飾語句によって修飾することはできないため，誤りです。また，② one は，of Japan のような修飾語がついている場合は the one の形で用いるため，誤りです。④ those は複数名詞の繰り返しを避けるための代名詞ですが，population は単数形であるため，誤りです。

完成文　The population of China is much larger than that of Japan.

訳例　中国の人口は，日本の人口よりもずっと多い。

可算名詞・不可算名詞と代名詞

例題 5 では，どのような場面で，どのような代名詞を使うかについての理解が問われています。まずは，次の表を見てください。

代名詞	it（複数は them）	one	that
修飾の可否	前から修飾　× 後から修飾　×	前から修飾　○ 後から修飾　○	前から修飾　× 後から修飾　○
置き換えられる名詞	可算名詞　○ 不可算名詞　○	可算名詞　○ 不可算名詞　×	可算名詞　○ 不可算名詞　○

このように，置き換えられる名詞が可算名詞なのか不可算名詞なのか，また単数なのか複数なのかによって，使える代名詞は異なります。この表の中で特に重要なのは，**one が可算名詞を受ける場合にしか使えない**ことと，**it は前からも後ろからも修飾できない**こと，**that は後ろからしか修飾できないこと**です。ぜひこの機会に確認しておきましょう。

それでは，**例題 5** とも関連する，名詞・冠詞の問題を見てみましょう。

例題 6　可算名詞と不可算名詞を区別しよう！

次の空所に入れるのに最も適切なものを，選択肢①～④から選びなさい。
(　　) provided in the orientation.

① Many informations were 　　　② A few information was
③ A lot of information was 　　　④ Not much informations were

（甲南大）

この問題は，information「情報」という名詞に着目します。information は不可算名詞であり，単数扱いをしますから，V は was を用います（選択肢は② A few information was か③ A lot of information was に絞れます）。a lot of は可算名詞と不可算名詞の両方に使うことができるため，③ A lot of information was が正解です。なお，② A few information

was は，a few「少しの，2，3の」が可算名詞にしか使えないため，誤り
です。① Many informations were は，were が用いられている点のほ
か，複数形にできない information という不可算名詞を複数形にしている
点や，可算名詞に使う Many を用いている点が誤りです。④ Not much
informations were は，were が用いられている点のほか，複数形にできな
い information という不可算名詞を複数形にしている点が誤りです。

〈完成文〉 A lot of information was provided in the orientation.
〈訳 例〉 たくさんの情報がオリエンテーションで提供された。

このように，名詞は可算名詞と不可算名詞に分類され，可算名詞は「数えら
れる名詞」，不可算名詞は「数えられない名詞」と呼ばれることもあります。
それでは，可算名詞と不可算名詞にはどのような違いがあるのでしょうか。

可算名詞と不可算名詞の違い

文法上，可算名詞と不可算名詞にはさまざまな違いが生じます。まずは，次
の表を見てください。

	可算名詞	不可算名詞
a / an をつけられるか	○ [例] a cat	× ~~an advice~~
複数形にできるか	○ [例] cats	× ~~advices~~
the をつけられるか	○ [例] the cat	○ [例] the advice
some「いくつかの，いくらかの」をつけられるか	○ [例] some cats	○ [例] some advice

a lot of「たくさんの」をつけられるか	○ [例] a lot of cats	○ [例] a lot of advice
many「多くの」をつけられるか	○ [例] many cats	× ~~many advice~~
much「多くの」をつけられるか	× ~~much cats~~	○ [例] much advice
a few「少しの」/ few「ほとんど…ない」をつけられるか	○ [例] a few cats	× ~~a few advice~~
a little「少しの」/ little「ほとんど…ない」をつけられるか	× ~~a little cats~~	○ [例] a little advice

このように，**可算名詞と不可算名詞にはさまざまな違いがあります**。ですから，何が可算名詞で何が不可算名詞なのかを理解していないと，文法的に誤った文を書いてしまったり，英文を読み間違えたりしてしまうのです。ここまでで，可算名詞と不可算名詞の区別が重要だということは，理解してもらえたと思います。それでは，どのようにして区別すればいいのでしょうか。

可算名詞と不可算名詞を区別する基準

「数えられる」のか「数えられない」のかは，日本語の感覚で考えると，間違ってしまうことがあります。例えば，日本語では「家具」を1つ，2つと数えますが，英語の furniture「家具」は不可算名詞です。タンスや本棚，いすやテーブルなど，さまざまな家具が集合的に扱われて不可算名詞とされていると考えるとわかりやすいでしょう。可算名詞なのか不可算名詞なのかは究極的には知識として覚えるべきものです。もっとも，不可算名詞はある程度類型化できますから，次の表で確認しておきましょう。

【不可算名詞の３つの分類】

名詞の種類[1]	名詞の例
物質名詞	▶ milk「牛乳」 ▶ paper「紙」[2] ▶ rice「米」 ▶ water「水」 ▶ wine「ワイン」 など
抽象名詞	▶ love「愛」 ▶ peace「平和」 など
固有名詞	▶ Rome「ローマ」 など

[1] 物質名詞とは，定まった形を持たない物質を表す名詞のことで，通常は
物を構成する材料となる物質を表します。また，抽象名詞は，抽象的な
概念を表す名詞で，固有名詞は，特定の人・物・場所などを表す名詞です。
[2] 「新聞」「論文」の意味の paper は可算名詞です。

注意すべき不可算名詞

**代表的な不可算名詞は，上のように「物質名詞」「抽象名詞」「固有名詞」の
３つに分類できます**が，これ以外にも名詞の分類の１つとして「集合名詞」
というものがあります。集合名詞とは，さまざまな物や人が集まった「集合体」
を表す名詞であり，その一部も不可算名詞として扱われます。可算名詞と混
同しやすい注意すべき集合名詞（不可算名詞として扱われる集合名詞）につ
いて表で確認しておきましょう。

不可算名詞として扱われる集合名詞

▶ advice「忠告」 ▶ baggage / luggage「荷物」 ▶ behavior「ふるまい」
▶ damage「損害」 ▶ equipment「設備」 ▶ fun「楽しみ」
▶ furniture「家具」 ▶ homework「宿題」
▶ information「情報」 ▶ luck「運」 ▶ machinery「機械類」
▶ news「知らせ」 ▶ progress「進歩」 ▶ poetry「詩」 ▶ scenery「風景」
▶ traffic「交通（量）」 ▶ weather「天候」 ▶ work「仕事」 など

THEME

9

代名詞・名詞・冠詞

不可算名詞を「数える」方法

不可算名詞は基本的に「数えることができない」ものです。しかし,「数える」こともあるのです。例えば furniture は不可算名詞ですが,「家具を 1 つ買った」「家具を 3 つ置いた」のように,具体的に「いくつ」と言いたい場合もあるでしょう。このような場合に用いるのが, piece という名詞です。

> **例** He bought a [one] piece of furniture.
> （彼は家具を 1 つ買った）
> **例** He placed three pieces of furniture in the room.
> （彼は部屋に家具を 3 つ置いた）

a piece of や three pieces of といった表現以外にも,不可算名詞の性質に応じて,それらを数えるためのさまざまな表現があります。

不可算名詞を数えるためのさまざまな表現

- ▶ **a loaf of bread**「ひとかたまりのパン」
- ▶ **a glass of water**「コップ 1 杯の水」
- ▶ **a cup of coffee**「カップ 1 杯のコーヒー」
- ▶ **a cake [bar] of soap**「1 つの石けん」

❶**代名詞は，どのようなときにどのような代名詞を用いるかを押さえる**

(1) **代名詞にする前の名詞が「特定」か「不特定」を意識する**

the ＋名詞（特定の名詞）　➡ 代名詞は it を用いる

a [an] ＋名詞（不特定の名詞）➡ 代名詞は one を用いる

(2) **混同しやすい 6 つの代名詞を整理する**

one「1 つ」，another「どれでもいいから別の 1 つ」，the other「残り全部（残りは 1 つ）」，some「いくつか」，others「どれでもいいから別のいくつか」，the others「残り全部（残りは複数）」についての知識を整理しましょう。

(3) **「すべて」などの意味の代名詞を押さえる**

each「それぞれ」，either「どちらか一方」，neither「どちらも…ない」，both「両方」，all「すべて」が使われる場面を押さえましょう。

(4) **「ほとんど」の意味の代名詞を押さえる**

「～のほとんど」の意味を表す，most of the ＋名詞／almost all the ＋名詞／almost all of the ＋名詞，「ほとんどの～」の意味を表す most ＋名詞／almost all ＋名詞の正しい形を押さえましょう。

(5) **代名詞 it，one，that を区別する**

one は可算名詞を受ける場合にしか使えません。it は前からも後ろからも修飾できず，that は後ろからしか修飾できません。

❷**名詞・冠詞は，可算名詞と不可算名詞を区別する**

次の空所に入れるのに最も適切なものを、選択肢①～④から選びなさい。

No. 1 LEVEL ★★☆ CHECK □□□□

A : Both of these books have been very popular with kids of your daughter's age.

B : No, I'm afraid (　　) of them would be of interest to her.

A : Well, perhaps she'd like something from our mystery series instead.

① all　　　　　　　　　② either

③ neither　　　　　　　④ none　　　　　　　（中央大）

No. 2 LEVEL ★★★ CHECK □□□□

One difference between Japan and Korea on the one hand and the United States and (　　) Western developed countries on (　　) is that women tend to drop out of the labor force while raising children in the two Asian countries.

① other ... other　　　　　② other ... the other

③ another ... another　　　④ another ... one another　（慶應義塾大）

No. 3 LEVEL ★★☆ CHECK □□□□

The company executive has three homes. One is in Tokyo, (　　) is in Singapore, and the other is in Hawaii.

① another　　　　　　　② each

③ other　　　　　　　　④ the other　　　　　（芝浦工業大）

No. 4 LEVEL ★★☆ CHECK □□□□

X : Are you okay? Shall we take a break?

Y : I think I've got (　　) in my shoes. It's very uncomfortable.

① sand　　　　　　　　② sands

③ a sand　　　　　　　④ the sand　　　　　（北海学園大）

No. 5　LEVEL ★★☆　　　　　　　　　　CHECK ☐☐☐☐

Although I asked both my friends for help, (　　) was willing to help.

① any　　　　　　　　　　② either

③ neither　　　　　　　　④ none　　　　　　　　　（立命館大）

No. 6　LEVEL ★★★　　　　　　　　　　CHECK ☐☐☐☐

The advice you gave me today is more helpful than (　　) you gave me yesterday.

① that　　　　　　　　　　② the one

③ those　　　　　　　　　④ it　　　　　　　　　（法政大　改）

No. 7　LEVEL ★★☆　　　　　　　　　　CHECK ☐☐☐☐

(　　) the lakes in the world, this lake has the greatest number of islands.

① Most of　　　　　　　　② Of all

③ All of　　　　　　　　　④ All　　　　　　　　　（中央大）

No. 8　LEVEL ★☆☆　　　　　　　　　　CHECK ☐☐☐☐

His house is very big and has plenty of room, but he has (　　).

① little furnitures　　　　② little furniture

③ few furniture　　　　　④ few furnitures　　　　（獨協大）

No.1　③ neither

A：Both of these books have been very popular with kids of your daughter's age.

B：No, I'm afraid （　③　）of them would be of interest to her.

A：Well, perhaps she'd like something from our mystery series instead.

正解への思考プロセス

(1) Aの第1発言にある Both of these books という表現に着目し，2冊の本について話題にしていることを見抜きます。

(2) Aの第1発言「これらの本は両方とも，あなたの娘さんと同じくらいの年齢の子どもたちにとても人気です」に対して，Bは「いや，残念ながら…」と答えています。空所に neither を入れ，「どちらも彼女は興味がないでしょう」とすれば文全体が自然な意味になるため，③ neither が正解です。

＊① all と④ none は3つ以上のものを前提とする表現であるため，2冊の本について話題にしている本問では，誤りです。また，② either は either of them で「それらのうちどちらか一方」という意味であり，文の意味が不自然になるため，誤りです。

完成文　A：Both of these books have been very popular with kids of your daughter's age.

B：No, I'm afraid neither of them would be of interest to her.

A：Well, perhaps she'd like something from our mystery series instead.

訳例　A：これらの本は両方とも，あなたの娘さんと同じくらいの年齢の子どもたちにとても人気です。

B：いや，残念ながらそのどちらも彼女は興味がないでしょう。

A：なるほど，ひょっとしたら彼女はそれよりもむしろ，私たちのミステリーシリーズから選んだものを好むかもしれません。

One difference between Japan and Korea on the one hand and the United States and （　②　） Western developed countries on （　②　） is that women tend to drop out of the labor force while raising children in the two Asian countries.

▶ 正解への思考プロセス

(1) between A and B「A と B の間の」という表現に着目します。本問では，A にあたる部分は Japan and Korea「日本と韓国」，B にあたる部分は the United States and （　　） Western developed countries「アメリカや（　　）西洋の先進国」です。

(2) 設問文と選択肢から，この 1 つ目の空所には「その他の」という意味のものが入ることがわかりますが，空所の後ろが countries と複数形になっていることから，単数名詞の前に置く another ではなく，other を入れる必要があるとわかります。

(3) on the one hand「一方で」という表現にも着目しましょう（この表現は対比を表し，on the other hand「他方で」とセットで使われます）。このとき，the other hand は the other という代名詞で表すことができるため，2 つ目の空所には the other を入れればよいとわかります。よって，② other ... the other が正解です。

> **完成文** One difference between Japan and Korea on the one hand and the United States and other Western developed countries on the other is that women tend to drop out of the labor force while raising children in the two Asian countries.
>
> **訳例** 一方では日本と韓国，他方ではアメリカやその他の西洋の先進国の間の 1 つの違いは，2 つのアジアの国では，子育てをしている間に女性が労働人口からはずれる傾向にあるということだ。

The company executive has three homes. One is in Tokyo, （　①　） is in Singapore, and the other is in Hawaii.

(1) 1文目の three homes「3つの家」という語句に着目します。すると，2文目は「(3つの家のうち) 1つは東京，もう1つはシンガポール，残りの1つはハワイにある」という意味であると考えられます。

(2) 3つのうちの1つについて述べた後に「もう1つ」と言うときは，another を使います。① another が正解です。

＊② each「それぞれ」，④ the other「残り全部（残りは1つ）」は，空所に入れても文全体の意味が通らないため，誤りです。また，③ other は other homes「ほかの家」のように形容詞として用いることはできますが，other 単独で代名詞として用いることは原則としてないため，誤りです。

> 完成文　The company executive has three homes. One is in Tokyo, another is in Singapore, and the other is in Hawaii.
>
> 訳 例　その会社の重役は3つの家を持っている。1つは東京，もう1つはシンガポール，残りの1つはハワイにある。

No.4 ① sand

X：Are you okay? Shall we take a break?

Y：I think I've got （ ① ） in my shoes. It's very uncomfortable.

(1) 設問文と選択肢から，「大丈夫？　休憩しようか？」と話しかけている X に対して，Y は空所を含む文で「靴の中に砂が入っていると思う。とても不快だよ」と返答していることをつかみます。

(2) sand は，「砂」という意味では不可算名詞です。無冠詞の sand を空所に入れればよいとわかるため，① sand が正解です。

＊ sand は不可算名詞であることから，複数形にすることや a をつけることができないため，② sands や③ a sand は誤りです。the をつけることはできますが，特定の「砂」を表すことになり，意味が不自然なため，④ the sand も誤りです。

> 完成文　X：Are you okay? Shall we take a break?
>
> 　　　　Y：I think I've got sand in my shoes. It's very uncomfortable.
>
> 訳 例　X：大丈夫？　休憩しようか？
>
> 　　　　Y：靴の中に砂が入っていると思う。とても不快だよ。

③ neither

Although I asked both my friends for help, (③) was willing to help.

正解への思考プロセス

(1) both my friends「私の友人の双方」という表現に着目し，2 人の友人が問題となっていることを見抜きます。

(2) 2 人であることを前提とする代名詞は② either か③ neither ですが，Although I asked both my friends for help「私は友人の双方に助けを求めたが」につながる内容としては，「どちらも進んで助けてくれなかった」とするのが自然です。よって，③ neither が正解です。

＊① any「どんなものも」と④ none「1 人も…ない」は 3 人以上であることを前提とする表現で，2 人の友人について問題となっている本問では，誤りです。

> **完成文** Although I asked both my friends for help, neither was willing to help.
>
> **訳例** 私は友人の双方に助けを求めたが，どちらも進んで助けてくれなかった。

---

① that

The advice you gave me today is more helpful than (①) you gave me yesterday.

正解への思考プロセス

(1) 設問文と選択肢から，文全体の意味は「あなたが今日私にくれたアドバイスは，あなたが昨日私にくれたアドバイスよりも役に立つ」となりそうだということをつかみます。

(2) 空所には，advice の繰り返しを避けるための代名詞が入るため，① that が正解です。なお，代名詞 that は後ろからのみ修飾することが可能です。ここでは，関係代名詞節（which [that]）you gave me yesterday が，that を修飾しています。

＊② the one は可算名詞を受ける代名詞ですから，不可算名詞の advice を受けることはできません。③ those は複数名詞の繰り返しを避けるための代名詞ですが，advice は不可算名詞であり，複数形というものを考えることができないため，誤りです。④ it は不可算名詞を受けることができますが，you gave me yesterday のような修飾語句によって修飾することはできないため，誤りです。

完成文 The advice you gave me today is more helpful than that
you gave me yesterday.
訳例 あなたが今日私にくれたアドバイスは，あなたが昨日私にくれたアドバイスよ
りも役に立つ。

No.7 ② Of all

(②) the lakes in the world, this lake has the greatest number of islands.

正解への思考プロセス

(1) コンマの後ろに文が続いていることから，コンマの前には副詞句が来ることを見抜きます。

(2) of A「Aの中で，Aのうちで」という表現を用いて，Of all the lakes in the world「世界中のすべての湖の中で」という副詞句を作れば，コンマ以降の「この湖には最も多くの島がある」という内容と意味が自然につながるため，② Of all が正解です。

＊① Most of，③ All of，④ All は，いずれも Most of the lakes, All of the lakes, All the lakes という表現自体は正しい形ですが，コンマの前が名詞句となり，コンマの後ろと正しくつなぐことができないため，誤りです。

完成文 Of all the lakes in the world, this lake has the greatest
number of islands.
訳例 世界中のすべての湖の中で，この湖には最も多くの島がある。

No.8 ② little furniture

His house is very big and has plenty of room, but he has (②).

正解への思考プロセス

(1) 設問文と選択肢から，可算名詞と不可算名詞の区別が問題となっていることをつかみます。

(2) furniture「家具」は不可算名詞であることから，「ほとんどない」の意味を表す場合，few ではなく little を用います。また，不可算名詞は複数形にすることができないため，② little furniture が正解です。

完成文 His house is very big and has plenty of room, but he has
little furniture.
訳例 彼の家はとても大きく，たくさんのスペースがあるが，家具はほとんどない。

暗記パートでは，名詞の重要な知識事項を一気に学びます。

> **例·題→** 次の空所に入れるのに最も適切なものを，選択肢①〜④から選びなさい。
>
> The police （　　） patrolling this area a lot more these days.
> ① are　② have　③ is　④ will　　　　　　　　　　（慶應義塾大）

この問題は，見た瞬間に① are が正解だと判断したい問題です。空所の後ろに patrolling this area ... とあるため，空所には be 動詞を入れて現在進行形を作ると考えられます。police は常に複数扱いをするため，① are が正解です。

> **完成文** The police are patrolling this area a lot more these days.
> **訳 例** 警察は最近，これまでよりずっと，この地域をパトロールしている。

このように，常に複数扱いをする集合名詞があります。cattle「牛」などもその例の１つです。**例·題→** にある police「警察」の場合は，複数の人たちが集まって組織的に活動することをイメージすると覚えやすいでしょう。他にも，覚えておくべき名詞があります。表で１つずつ確認しておきましょう。

No.013

【単数扱いと複数扱いの両方をする名詞】

名詞の例	例文とポイント
▶ audience「観客，聴衆」 ▶ class「クラス」 ▶ committee「委員会」 ▶ crowd「群衆」 ▶ staff「職員」 ▶ team「チーム」	**集団全体を１つのカタマリとして捉えるとき** ➡ 単数扱い 例 Judy's family is a large one. 　（ジュディの家族は大家族だ）
	集団を構成している１人ひとりに着目するとき ➡ 複数扱い 例 Judy's family are all good basketball players. 　（ジュディの家族はみんなバスケットボールがうまい）

No.014

【常に複数形で使われる「対をなす」名詞】

名詞の例	例文とポイント
▶ glasses「めがね」 ▶ gloves「手袋」 ▶ scissors「はさみ」 ▶ shoes「靴」 ▶ socks / stockings「靴下」 ▶ trousers「ズボン」	<u>「対をなす」2つの部分からなる物</u> ➡ 常に複数形 例 My grandmother bought me a pair of glasses. （私は祖母にめがねを1つ買ってもらった） 例 I bought two pairs of shoes. （私は靴を2足買った） ＊常に複数形で使われる「対をなす」名詞を数えるときは，a pair of Aやtwo pairs of Aのような表現を用います。

No.015

【複数形の名詞を用いた「交換」などを表す表現】

表現例	例文とポイント
▶ be on good A / friendly terms with A 「Aと仲がよい」 ▶ change trains [buses] 「電車［バス］を乗り換える」 ▶ make friends with A 「Aと友達になる」 ▶ shake hands with A 「Aと握手する」 ▶ take turns (in / at) *doing* 「交替で…する」	例 We changed buses at the station. （私たちは駅でバスを乗り換えた） 例 We shook hands with each other and parted. （私たちは互いに握手をして別れた） ＊「交換」などを表す表現で用いられる名詞は複数形を用います。例えば，バスを乗り換える際には2つのバスがあることを想像するとわかりやすいでしょう。

注意すべき類義語

日本語では同じ意味でも，使われる場面によって表現が異なる名詞があります。代表的なものを表にまとめました。ざっと目を通しておきましょう。

「客」の意味で使われる名詞

- ▶ audience「（劇・試合などの）観客，観衆」
- ▶ client「（弁護士など専門職への）依頼客」
- ▶ customer「（店の）顧客」 ▶ guest「招待客，（ホテルなどの）宿泊客」
- ▶ passenger「乗客」 ▶ spectator「（スポーツなどの）観客」

「料金・値段」の意味で使われる名詞

- ▶ charge「サービスに対して支払われる料金」
- ▶ cost「費用」
- ▶ fare「運賃」
- ▶ fee「（弁護士など専門職に支払う）報酬，授業料，入場料」
- ▶ price「商品の値段」
- ▶ toll「（有料道路などの）通行料」

「約束・予約」の意味で使われる名詞

- ▶ appointment「（人に会う）約束，（診察などの）予約」
- ▶ promise「（一般的な）約束」
- ▶ reservation「（切符，部屋，席などの）予約」

最後に，「多い」「少ない」を表すときに large / small を使う名詞について見ておきましょう。

【「多い・少ない」を表すときに large / small を使う名詞】 No.016

名詞の例	例文とポイント
▶ amount「量」 ▶ audience「観衆」 ▶ crowd「群衆」 ▶ fortune「財産」 ▶ income「収入」 ▶ number「数」 ▶ population「人口」 ▶ salary「給料」 ▶ sum「金額」	例 A large audience gathered at the stadium. （スタジアムには多くの観衆が集まった） 例 Having a small salary this month is a big problem. （今月の給料が少ないことは大問題だ） ＊集まっているイメージの名詞は，「多い・少ない」を表すのに many や a few などではなく，large や small を用います。なお，traffic「交通」のように，「多い・少ない」を表すのに「heavy / light」を用いる名詞もあります。 例 This road has heavy traffic on weekends. （この道路は週末の交通量が多い）

接続詞・前置詞

接続詞・前置詞

この章では接続詞と前置詞について学習します。接続詞は，**等位接続詞と従属接続詞の区別**が重要です。また，**従属接続詞と前置詞の区別**も問題となります。日本語の意味は同じでも後ろに続く形が違うものを中心に，形に注目しながら学習を進めましょう。

---| 思考パート |---（Think about it!）---

例題▶1 従属接続詞と等位接続詞を区別しよう！

次の空所に入れるのに最も適切なものを，選択肢①～④から選びなさい。
(   ) this area is small, it produces a lot of crops every year.
① When　② And　③ Although　④ But

空所に接続詞を入れる問題です。このような問題では，文の構造を正確につかむ力が問われているため，文の構造に着目するようにしましょう。まずは，空所の後ろの形に着目すると，直後には文の形で this area is small「この地域は狭い」と続いていることがわかります。また，コンマの後ろも it produces a lot of crops every year「毎年たくさんの作物を生み出す」という文の形になっています。空所に従属接続詞 Although「…にもかかわらず」を入れることで，Although this area is small「この地域は狭いにもかかわらず」というカタマリを作ることができ，コンマの後ろとも意味が自然につながるため，③ Although が正解です。② And と④ But は等位接続詞であり，従属接続詞とは違って SV のカタマリを作ることはできないため，誤りです。① When「…するときに」は従属接続詞であり，形のうえでは空所に入れることができますが，文全体が不自然な意味になるため，誤りです。

完成文 Although this area is small, it produces a lot of crops every year.
訳例 この地域は狭いにもかかわらず，毎年たくさんの作物を生み出す。

接続詞には大きく分けると**「等位接続詞」と「従属接続詞」の2種類**があります。そして，この2つをはっきりと区別することがとても重要なのです。次の2文を見てください。この2文は同じ意味でしょうか，それとも違う意味でしょうか。

例1 Although she is young, she runs several companies.
例2 She runs several companies although she is young.

答えは「同じ」です。もちろん細かな意味の違いはありますが，基本的に同じ意味を表し，2文とも「彼女は若いにもかかわらず，複数の会社を経営している」という意味になります。ここで重要な発想があります。それは，**従属接続詞 although は，although S V「SがVするにもかかわらず」というSVのカタマリを作る（節を作る）**ということです。つまり，**例1** と **例2** は although she is young「彼女は若いにもかかわらず」というカタマリが文頭にあるか，文末にあるかの違いしかないわけです。ちなみに，従属接続詞のカタマリは原則として副詞節のはたらきをします。例文では，このカタマリが she runs several companies という主節部分を修飾しています。

よくあるミスは，**例1** の Although を等位接続詞 But「しかし」のような意味で捉え，「しかし彼女は若く，複数の会社を経営している」のように訳してしまうというものです。気をつけましょう。

一方，接続詞の中でも and / but / or / for / so / yet / nor は等位接続詞と呼ばれ，**文法上「対等なもの（文と文，名詞と名詞など）」をつなぐはたらき**をします。従属接続詞が原則として**副詞節を作るはたらき**をするのに対して，等位接続詞は「接続」詞という名前により忠実なはたらきをするものと言えるでしょう。

それぞれの等位接続詞について，代表的な使い方を以下にまとめました。何と何をつないでいるのかを例文で確認しながら，理解を深めましょう。

【代表的な等位接続詞】

接続詞と意味	例文とポイント
and 「そして」「と」 など	例 The old woman grows <u>tomatoes</u> and <u>oranges</u> in her garden. （そのお年寄りの女性は，庭でトマトとオレンジを育てている） ＊tomatoes と oranges が and によってつながれています。
but 「しかし」 など	例 <u>They wanted to go on a hike</u>, but <u>it began to rain</u>. （彼らはハイキングに行きたかったが，雨が降り始めた） ＊文と文が but によってつながれています。
or 「あるいは」 「つまり」など	例 Which do you like better, <u>apples</u> or <u>oranges</u>? （リンゴとオレンジのどちらが好きですか） ＊apples と oranges が or によってつながれています。
for 「というのも… だからだ」など	例 <u>I am sleepy</u>, for <u>I couldn't sleep enough last night</u>. （私は眠い。というのも，昨晩十分に眠れなかったからだ） ＊文と文が for によってつながれています。
so 「したがって」 「だから」など	例 <u>I studied very hard</u>, so <u>I passed the exam</u>. （一生懸命勉強したので，私は試験に合格した） ＊文と文が so によってつながれています。
yet 「しかし」 など	例 <u>The man is a beginner</u>, yet <u>he plays the guitar well</u>. （その男性は初心者だが，ギターを弾くのがうまい） ＊文と文が yet によってつながれています。
nor 「もまた…ない」 など	例 <u>He doesn't drink coffee</u>, nor <u>does he drink tea</u>. （彼はコーヒーを飲まないし，紅茶もまた飲まない） ＊文と文が nor によってつながれています。文と文をつなぐ場合，nor の後ろは疑問文と同じ形の倒置形にします。

それではもう1問，問題を解いてみましょう。

例題→2 従属接続詞と前置詞を区別しよう！

次の空所に入れるのに最も適切なものを，選択肢①〜④から選びなさい。
(   ) he practiced hard, he couldn't win the match.
① Though　② In spite of　③ Despite　④ But

この問題では，従属接続詞と前置詞について，両者の違いの理解が問われています。そこで，文の構造に着目すると，空所の直後には文の形で he practiced hard「彼は一生懸命練習した」と続き，コンマの後ろにも he couldn't win the match「彼は試合に勝てなかった」という文の形が続いていることがわかります。空所に従属接続詞 Though「…にもかかわらず」を入れることで，Though he practiced hard「彼は一生懸命練習したにもかかわらず」というカタマリを作ることができ，コンマの後ろとも意味が自然につながるため，① Though が正解です。② In spite of「…にもかかわらず」，③ Despite「…にもかかわらず」はともに**前置詞であることから，後ろにSVではなく名詞（句）を置いてカタマリを作る必要がある**ため，誤りです。④ But は等位接続詞であり，従属接続詞と違って SV のカタマリを作ることはできないため，誤りです。

> **完成文** Though he practiced hard, he couldn't win the match.
> **訳例** 彼は一生懸命練習したにもかかわらず，試合に勝てなかった。

例題→2 のように，日本語の意味が同じであるにもかかわらず，後ろに来る形が違う従属接続詞と前置詞については，その区別が重要です。代表的なものについて，**例**を見ながら後ろの形を確認しましょう。

意味	従属接続詞	前置詞
…までに	**by the time S V** 例 by the time she arrives （彼女が到着するまでに）	**by ＋名詞** 例 by her arrival （彼女の到着までに）
…間に	**while S V** 例 while he was staying in Italy （彼がイタリアに滞在していた間に）	**during ＋名詞** 例 during his stay in Italy （彼のイタリア滞在中に）
…ので	**because S V** 例 because it is snowing （雪が降っているので）	**because of ＋名詞** 例 because of the snow （雪のせいで）
…にもかかわらず	**though [although] S V** 例 though the weather is bad （天気が悪いにもかかわらず）	**despite [in spite of] ＋名詞** 例 despite the bad weather （悪天候にもかかわらず）

例題▶3 　文中での従属接続詞節のはたらきを理解しよう！

次の空所に入れるのに最も適切なものを，選択肢①〜④から選びなさい。
（　　） the principal will attend the meeting has not been confirmed yet.
① Since　② While　③ Whether　④ Although　　　　　（獨協大　改）

空所に従属接続詞を入れる問題です。文の構造に着目すると，V は has not been confirmed の部分であると考えられます。名詞節を作ることのできる従属接続詞 Whether「…かどうか」を空所に入れることで，Whether the principal will attend the meeting「校長が会議に出席するかどうか」という名詞節を S とする自然な文を作ることができるため，③ Whether が正解です。なお，① Since，② While，④ Although は副詞節を作るはたらきをします。名詞節を作ることはできないため，誤りです。

完成文　Whether the principal will attend the meeting has not been confirmed yet.

訳例　校長が会議に出席するかどうかはまだわからない。

従属接続詞は原則として副詞節を作りますが，**例題▶3** で見たように**名詞節も作ることのできる従属接続詞**があります。それは，**whether「…かどうか」と if「…かどうか」，that「…ということ」**の3つです。次の例文で，これらの従属接続詞の名詞節としての使い方を確認しておきましょう。

例1 I don't know whether she will come.

（彼女が来るかどうかはわからない）

例2 I don't know if she will come.

（彼女が来るかどうかはわからない）

例3 I know that she will come.

（彼女が来ることを知っている）

＊**例1** では whether 節が，**例2** では if 節が，**例3** では that 節が，それぞれ know の目的語として使われています。

○接続詞・前置詞の重要ポイント○

❶接続詞の「種類」と「はたらき」を理解する

接続詞には文と文，名詞と名詞など，文法的に対等なものをつなぐはたらきをする「等位接続詞」と SV のカタマリを作る（節を作る）はたらきをする「従属接続詞」の2種類があります。

❷従属接続詞と前置詞の違いを理解する

	はたらき	後ろの形
従属接続詞	「SV のカタマリ（節）」を作る	SV...
前置詞	名詞（句）や代名詞の前に置き，カタマリ（句）を作る	名詞（句）

❸名詞節を作ることのできる3つの従属接続詞 whether / if / that を押さえる

次の空所に入れるのに最も適切なものを、選択肢①〜④から選びなさい。

No. 1 LEVEL ★★☆   CHECK ☐☐☐☐

(   ) Mary worked very hard to support her family, she was not able to improve their living conditions.

① If
② Despite
③ Although
④ But

(昭和女子大)

No. 2 LEVEL ★☆☆   CHECK ☐☐☐☐

The contents of the document will remain secret (   ) he does not give them away.

① in order to
② with regard to
③ as long as
④ in spite of

(関西学院大)

No. 3 LEVEL ★★☆   CHECK ☐☐☐☐

Sarah is still going to France next year, (   ) the fact she can't really afford it.

① although
② despite
③ even though
④ besides

(南山大)

No. 4 LEVEL ★★★   CHECK ☐☐☐☐

(   ) everyone so different from each other, it's important for us to accept everyone's uniqueness.

① Because
② Although
③ With
④ Since

(西南学院大)

Can I have your dessert (　　) you are not going to eat it?

① because of   ② due to

③ if   ④ whereas   （学習院大）

(　　) so few people showed up, we decided to postpone the presentation.

① Despite   ② If

③ Since   ④ Until   （東京理科大）

She asked me (　　) I could wait for her until she came back.

① after   ② that

③ there   ④ if   （法政大）

(　　) there is danger involved, many photographers chase after storms to capture powerful images.

① Because of   ② However

③ In spite of   ④ Though   （立命館大）

THEME **10** 接続詞・前置詞

No.1　③ Although

（　③　）Mary worked very hard to support her family, she was not able to improve their living conditions.

▶ 正解への思考プロセス

(1) 文全体の構造に着目します。空所の後ろが SV の形になっていることから，空所には従属接続詞が入ることを見抜きます（この時点で，前置詞の② Despite と等位接続詞の④ But を消去できます）。

(2) 空所に「譲歩」の意味の従属接続詞 Although「…にもかかわらず」を入れ，「メアリーは，家族を支えるためにとても一生懸命働いたにもかかわらず」というう意味のカタマリを作ると，「生活状況を改善することができなかった」という文の後半と意味が自然につながります。③ Although が正解です。

＊① If は「…ならば」という意味の従属接続詞であり，文全体が不自然な意味になるため，誤りです。

> **完成文** Although Mary worked very hard to support her family, she was not able to improve their living conditions.
>
> **訳 例** メアリーは，家族を支えるためにとても一生懸命働いたが，生活状況を改善することができなかった。

No.2　③ as long as

The contents of the document will remain secret（　③　）he does not give them away.

▶ 正解への思考プロセス

(1) 文全体の構造に着目します。空所の後ろが SV の形になっていることから，空所には従属接続詞が入ることを見抜きます。

(2) 空所に従属接続詞 as long as「…しさえすれば，…する限り」を入れることで，「その文書の内容は，彼がばらさない限り秘密のままだろう」という意味の自然な文を作ることができるため，③ as long as が正解です。

＊① in order to「…するために」は後ろに動詞の原形を続けるため，誤りです。② with regard to「…に関して」と④ in spite of「…にもかかわらず」はともに前置詞であり，後ろに SV ではなく名詞（句）を続けるため，誤りです。

> **完成文** The contents of the document will remain secret as long as he does not give them away.
>
> **訳 例** その文書の内容は，彼がばらさない限り秘密のままだろう。

No.3　② despite

Sarah is still going to France next year, （ ② ） the fact she can't really afford it.

> **正解への思考プロセス**

(1) 文全体の構造に着目します。空所の後ろは the fact she can't really afford it となっており，the fact の後ろには同格の that が省略されていると考えられます。空所の後ろが the fact（that）she can't really afford it「彼女が実際にそのためのお金を出せないという事実」という名詞句の形になっていることから，空所には前置詞が入ることを見抜きます（この時点で，従属接続詞の① although と③ even though を消去できます）。

(2) 空所に「譲歩」の意味の前置詞 despite「…にもかかわらず」を入れ，「彼女が実際にそのためのお金を出せないという事実にもかかわらず」という意味のカタマリを作ると，「サラはいまだに来年フランスに行くつもりだ」という文の前半と意味が自然につながります。② despite が正解です。

*④ besides は前置詞ですが「…に加えて」という意味であり，文全体が不自然な意味になるため，誤りです。

> **完成文** Sarah is still going to France next year, despite the fact she can't really afford it.
>
> **訳 例** 実際にそのためのお金を出せないという事実にもかかわらず，サラはいまだに来年フランスに行くつもりだ。

No.4　③ With

（ ③ ） everyone so different from each other, it's important for us to accept everyone's uniqueness.

> **正解への思考プロセス**

(1) 文全体の構造に着目します。空所の後ろには everyone so different from each other と続き，SV の構造になっていないことから，空所には従属接

続詞は入らないことを見抜きます（この時点で，従属接続詞の① Because と② Although を消去できます）。

(2) そこで，空所に前置詞 With を入れ，O を everyone，C を so different from each other とする，with O C「O が C であり，O が C なので」（付帯状況の with）の形を作ることを考えます。With を入れることで「すべての人がこれほど互いに異なるので」という自然な文を作ることができるため，③ With が正解です。

＊ Since には従属接続詞と前置詞の両方の使い方がありますが，前置詞として用いるときは「…以来」という意味になります。文全体が不自然な意味になるため，④ Since は誤りです。

> 〈完成文〉 With everyone so different from each other, it's important for us to accept everyone's uniqueness.
> 〈訳例〉 すべての人がこれほど互いに異なるので，すべての人の独自性を受け入れることが私たちにとって重要だ。

No.5 ③ if

Can I have your dessert (③) you are not going to eat it?

▶ 正解への思考プロセス

(1) 文全体の構造に着目します。空所の後ろが SV の形になっていることから，空所には従属接続詞が入ることを見抜きます（この時点で，前置詞の① because of と② due to は消去できます）。

(2) 空所に従属接続詞 if を入れ，「あなたがそれを食べないつもりなら」という意味のカタマリを作ると，「私があなたのデザートを食べてもいいですか」という文の前半と意味が自然につながります。③ if が正解です。

＊④ whereas は「…する一方で」という意味の従属接続詞であり，文全体が不自然な意味になるため，誤りです。

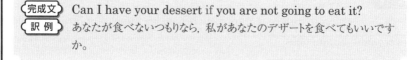

> 〈完成文〉 Can I have your dessert if you are not going to eat it?
> 〈訳例〉 あなたが食べないつもりなら，私があなたのデザートを食べてもいいですか。

（ ③ ）so few people showed up, we decided to postpone the presentation.

正解への思考プロセス

(1) 文全体の構造に着目します。空所の後ろが SV の形になっていることから，空所には従属接続詞が入ることを見抜きます（この時点で，前置詞の①Despite は消去できます）。

(2) 空所に「理由」の意味の従属接続詞 Since「…ので」を入れ，「来た人があまりに少なかったので」という意味のカタマリを作ると，「私たちは発表を延期することに決めた」という文の後半と意味が自然につながります。③Since が正解です。

＊② If は「…ならば」，④ Until は「…まで」という意味の従属接続詞ですが，文全体が不自然な意味になるため，誤りです。

完成文 Since so few people showed up, we decided to postpone the presentation.

訳例 来た人があまりに少なかったので，私たちは発表を延期することに決めた。

She asked me （ ④ ）I could wait for her until she came back.

正解への思考プロセス

(1) 文全体の構造に着目します。空所の後ろが SV の形になっていることから，空所には従属接続詞が入ることを見抜きます。また，空所の前が asked me となっていることにも着目し，ask O_1 O_2「O_1 に O_2 を尋ねる」という表現の O_2 にあたる名詞節を作ることを考えます。

(2) 空所に副詞節だけでなく名詞節も作ることのできる従属接続詞 if「…かどうか」を入れることで，「戻ってくるまで彼女を待つことができるかどうか」という自然な意味にすることができるため，④ if が正解です。

＊② that も名詞節を作りますが，ask O that の形では使われないため，誤りです。

完成文 She asked me if I could wait for her until she came back.

訳例 戻ってくるまで彼女のことを待つことができるかどうか，彼女は私に尋ねた。

THEME

10

接続詞・前置詞

④ Though

(④) there is danger involved, many photographers chase after storms to capture powerful images.

正解への思考プロセス

(1) 文全体の構造に着目します。空所の後ろが SV の形になっていることから，空所には従属接続詞が入ることを見抜きます（この時点で，前置詞の① Because of と③ In spite of は消去できます）。

(2) 空所に「譲歩」の意味の従属接続詞 Though「…にもかかわらず」を入れ，「危険を伴うにもかかわらず」という意味のカタマリを作ると，「多くの写真家が迫力のある写真を撮るために嵐を追いかける」という文の後半と意味が自然につながります。④ Though が正解です。

＊② However は「どのように…しても」という意味の複合関係詞であり，従属接続詞と同様に SV を後ろに置いて副詞節を作ることができますが，本問では，文全体が不自然な意味になるため，誤りです。

完成文 Though there is danger involved, many photographers chase after storms to capture powerful images.

訳例 危険を伴うにもかかわらず，多くの写真家が迫力のある写真を撮るために嵐を追いかける。

暗記パートでは，接続詞と前置詞の重要な知識事項を一気に学びます。

> **例-題▶** 次の空所に入れるのに最も適切なものを，
> 選択肢①〜④から選びなさい。
>
> Hurry up, (　　) you will be late.
> ① and　② or　③ if　④ when　　　　　　　　　　（高知大）

この問題は，見た瞬間に正解を判断したい問題です。命令文 ... ＋ or 〜で「…
しなさい，さもないと〜」「…しなければ〜」という意味の表現であるため，
② or が正解です。

〈完成文〉 Hurry up, or you will be late.

〈訳 例〉 急ぎなさい，さもないと遅れますよ。

似たような形である，次の表現も一緒に確認しておきましょう。

▶命令文 ... ＋ and 〜「…しなさい，そうすれば〜」「…すれば〜」

例 Hurry up, and you'll be in time.

（急ぎなさい，そうすれば間に合いますよ）

覚えておくべき重要表現は他にもあります。まずは，等位接続詞を用いた重
要表現を確認しましょう。文法問題はもちろんのこと，長文中にもよく出て
くるものばかりですから，この機会にざっと目を通しておきましょう。

等位接続詞を用いた重要表現

▶ **both A and B ≒ A and B alike**「A も B も両方」
▶ **either A or B**「A か B のどちらか」
▶ **neither A nor B ≒ not ＋ either A or B**「A も B も…ない」
▶ **not A but B**「A ではなく B」
▶ **not only A but (also) B**「A だけでなく B も」

THEME

10

接続詞・前置詞

注意すべき前置詞の意味

前置詞には，名詞との相性があります。例えば，direction「方向」という名詞は in という前置詞と相性がよいため，in ... direction「…の方向へ」という表現が用いられます。日本語では「…へ」ですが，このとき，to は原則として使いません。注意が必要な前置詞を厳選しました。例文とともに覚えていきましょう。

【注意すべき前置詞】

▶ **against**「…を背景にして」

例 The sunflowers looked beautiful against the blue sky.

（ひまわりが青空を背景に美しく見えた）

▶ **at ＋ ... speed [rate]**「…な速さで」

例 The F1 driver drove his car at the speed of over 300 km/h.

（その F1 ドライバーは，時速 300 キロ以上の速さで車を運転した）

▶ **beyond**「…できない」

例 The view from the summit was beyond description.

（山頂からの景色は筆舌に尽くしがたかった［言葉では言い表せなかった］）

▶ **by ＋ the 単位を表す名詞**「…単位で」

例 The farm land is sold by the acre.

（その農地はエーカー単位で売られている）

▶ **by**「…だけ，…差で」（差を表す）

例 I missed the train by five minutes.

（私は 5 分差で電車に乗り遅れた）

▶ **for「…の割には」**

例 The teacher looks young for his age.

(その教師は年齢の割に若く見える)

▶ **for ≒ in favor of「…に賛成して，…に有利に」**
（賛成を表す）

例 She is for the plan.

(彼女はその計画に賛成だ)

▶ **against「…に反対して，…に不利に」**
（反対を表す）

例 He is against the plan.

(彼はその計画に反対だ)

▶ **in「…を着て」**

例 The man in blue is Mary's father.

(青い服の男性がメアリーの父親だ)

▶ **in ... direction「…の方向へ」**

例 He went in a different direction.

(彼は別の方向へ行った)

▶ **in「…するときに」**

例 He was very careful in crossing the old bridge.

(その古い橋を渡るとき，彼はとても注意深かった)

▶ **of＋抽象名詞「…（の性質）を持つ」**
（形容詞と同様の意味になる ➡ of importance ≒ important）

例 The findings are of importance.

(その研究成果は重要だ)

▶ **on**「…するとすぐに」

例 On seeing the policeman, the man ran away.

（警察官を見るとすぐに，その男は走り去った）

▶ **over**「…しながら」

例 We talked over lunch.

（私たちは昼食を食べながら話した）

▶ **to**「…に合わせて」

例 He danced to the loud music.

（彼はその大音量の音楽に合わせて踊った）

▶ **to**「…のほうに」

例 Korea is to the west of Japan.

（韓国は日本の西に位置する）

▶ **with ＋抽象名詞**「…で」

（副詞と同様の意味になる ➡ with fluency ≒ fluently）

例 She spoke French with fluency.

（彼女は流ちょうにフランス語を話した）

▶ **within A of B**「B から A 以内に」

例 The station is within walking distance of his house.

（その駅は彼の家から歩いていける距離にある）

前置詞を用いた重要表現も確認しておきましょう。

▶ according to A「A によると，A にしたがって」
▶ along with A「A とともに」
▶ apart from A ≒ aside from A「A は別として」
▶ as a result of A「A の結果として」
▶ as for A「A に関して言うと」
▶ as to A「A について」
▶ as of A「A 現在」
▶ at the cost of A「A を犠牲にして」
▶ at the mercy of A「A のなすがままに」
▶ at the risk of A「A の危険を冒して」
▶ by means of A「A という手段によって」
▶ by way of A「A 経由で，A 気取りで」
▶ for the purpose of A「A の目的で」
▶ for the sake of A「A の利益のために」
▶ in honor of A「A に敬意を表して」
▶ in place of A「A の代わりに」
▶ in relation to A「A との関連で」
▶ in search of A「A を探し求めて」
▶ in terms of A「A の観点から」
▶ in the light of A「A に照らして，A を考慮して」
▶ on behalf of A「A を代表して，A のために」
▶ regardless of A「A とは無関係に」
▶ thanks to A「A のおかげで」

さまざまな従属接続詞

最後に，代表的な従属接続詞とその意味を確認しましょう。頻出のものばかりですから，例文とともに丁寧に確認しておきましょう。

【代表的な従属接続詞】

No.018

▶ after「…した後に」

 After she finished her homework, she went out.

（宿題を終えた後に，彼女は外出した）

▶ **before**「…前に」

例 Before she went out, she finished her homework.

(外出する前に，彼女は宿題を終わらせた)

▶ **by the time**「…するまでに」

例 I have to clean up the house by the time my mother gets back.

(私は，母が戻ってくるまでに家を掃除しなければならない)

＊「期限」を表します。「期間」を表す until / till「…するまで」との区別が重要です。

▶ **until / till**「…するまで」

例 I'll watch TV until she comes.

(彼女が来るまでテレビを見るつもりだ)

＊「期間」を表します。「期限」を表す by the time「…するまでに」との区別が重要です。

▶ **every time / each time**「…するごとに，…するときは必ず」

例 Every time he visits the store, he buys some snacks.

(その店を訪れるたびに，彼はおやつを買う)

▶ **the moment / the instant / the minute / as soon as**
「…するとすぐに」

例 The minute my head hits the pillow, I fall asleep.

(頭が枕に触れるとすぐに，私は眠りに落ちる)

▶ **when**「…するときに」

例 When I went to the park, it had completely changed.

(私がその公園に行ったとき，そこはすっかり変わっていた)

▶ **as long as**「…する限り，…しさえすれば」

例 As long as you come, I'll be happy.

（あなたが来てくれさえすれば，私はうれしい）

＊最低限の「条件」の意味を表します。「範囲」の意味を表す as far as との区別が重要です。「条件」の意味を持つ if に近いものです。

▶ **as far as**「…する限り，…する範囲では」

例 As far as I know, she likes cats.

（私が知る限り，彼女はネコが好きだ）

＊「範囲」を表します。「条件」の意味を表す as long as との区別が重要です。

▶ **in case**「…する場合に備えて，…するといけないから」

例 Don't forget to take your coat with you in case it gets cold.

（寒くなる場合に備えて，上着を持って行くのを忘れないようにね）

▶ **on condition that**「…するならば」

例 You can borrow my computer on condition that you return it by 6 p.m.

（午後6時までに返却するならば，私のコンピューターを貸してもいい）

▶ **once**「いったん…すれば」

例 Once you start skipping exercise, it's difficult to get back on track.

（いったん運動をさぼるようになると，元に戻すのは難しい）

▶ **providing (that) S V ≒ provided (that)**「もし…するならば」

例 I'll give you a ride to the airport, providing that you come here by six.

（6時までにここに来てくれるなら，空港まで車で送るよ）

＊「条件」の if と近い意味です。可能性がゼロのときは使わないとされています。

▶ **suppose (that) S V ≒ supposing that**「もし…するならば」

例 Suppose you got 1 billion yen. What would you do with the money?

（もし10億円を手に入れたとする。あなたはそのお金で何をするだろうか）

＊「条件」の if と近い意味です。仮定法・直説法で用いるとされています。

▶ **unless**「…しないならば，…しない限り」

例 I'll go on a hike unless it rains.

（雨が降らない限り，私はハイキングに行くだろう）

▶ **although [though]**「…するにもかかわらず，…するが」

例 Although he didn't study hard, he got high scores on the test.

（一生懸命勉強しなかったが，彼はテストで高得点を取った）

▶ **even if**「たとえ…するとしても」

例 Even if it rains, we will still practice soccer outside.

（たとえ雨が降っても，私たちは外でサッカーの練習をするだろう）

▶ **even though**「たとえ…するとしても，…するけれども」

例 Even though it was raining, they continued playing soccer.

（雨が降っていたにもかかわらず，彼らはサッカーをし続けた）

▶ **because**「…なので，…だから」

例 She laughed because the joke was funny.

（冗談が面白かったので，彼女は笑った）

▶ **in that**「…という点において，…なので」

例 The lesson is unique in that the teacher doesn't give a lecture.

（その授業は，教師が講義をしないという点で独特だ）

▶ **except that「…場合を除いて」**

例 The party was good except that the room was crowded.

(部屋が混んでいたという点を除いて，そのパーティーはよかった)

▶ **now that「今や…しており，今や…なので」**

例 Now that he's turned 18, he can vote in the election.

(今や18歳になったので，彼は選挙で投票ができる)

▶ **in order that「…するために」**

例 They have to get up early in order that they can arrive on time.

(時間通りに到着するために，彼らは早起きをする必要がある)

▶ **for fear that「…することをおそれて，…するといけないから」**

例 He always carries a folding umbrella for fear that it might rain.

(雨が降るといけないから，彼はいつも折りたたみ傘を持っている)

＊that の後ろには生じることを恐れている内容がきます。

▶ **as if / as though「…するかのように」**

例 She talked as if she knew everything.

(彼女はすべてを知っているかのように話した)

＊仮定法と直説法の両方で使われるとされています。

▶ **where「…するところで，…するところへ」**

例 The plant grows where the climate is mild.

(その植物は，気候が穏やかなところで育つ)

▶ **as** ① 「…と同じように，…するように」

② 「…するにつれて」

③ 「…するとき」

④ 「…するので」

⑤ 「…するにもかかわらず」

①の例 Just as she is passionate about tennis, he is passionate about soccer.

(彼女がテニスが大好きなのとちょうど同じように，彼はサッカーが大好きだ)

②の例 As we went up higher, it became colder.

(高いところに行くにつれて，寒くなった)

③の例 As the police arrived, the man ran away.

(警察が到着すると，その男は走り去った)

④の例 As it is raining, the road is wet.

(雨が降っているので，道が濡れている)

⑤の例 Young as she is, she is an able leader.

(若いけれども，彼女は有能なリーダーだ)

＊ as には「イコール（同じ）」の意味があります。②「…するにつれて」と③「…するとき」は，ともに「…と同時に」という意味で，④「…するので」も，「…と同時に」という意味から因果関係の意味になったと考えられています（雨が降ると同時に道が濡れる ➡ 雨が降るので道が濡れる）。⑤「…するにもかかわらず」は，例文のような語順で用いられます。

▶ **since** ① 「…して以来」

② 「…ので」

①の例 We have known each other since we were children.

(私たちは子どものころから知り合いだ)

②の例 Since penguins are birds, they lay eggs.

(ペンギンは鳥類なので，卵を産む)

▶ **if** ① 「もし…ならば」

　　② 「たとえ…だとしても」

　　③ 「…かどうか」

①**の例** If it rains tomorrow, I'll stay at home.

　　（もし明日雨が降れば，家にいるだろう）

②**の例** If it rains tomorrow, we'll still go on a picnic.

　　（たとえ明日雨が降っても，私たちはピクニックに行くだろう）

③**の例** He asked her if she would come to the party.

　　（彼は彼女にパーティーに行くかどうかを尋ねた）

＊①，②は副詞節を作り，③は名詞節を作ります。

▶ **so (that)** ① 「…ように，…ために（目的）」

　　　　　　② 「したがって…する（結果）」

①**の例** They have to get up early so (that) they can arrive on time.

　　（時間通りに到着できるように，彼らは早起きする必要がある）

②**の例** They studied very hard, so (that) they did better at school.

　　（彼らはとても一生懸命勉強した。その結果,学校の成績がよくなった）

＊いずれの意味になるかは文脈から判断します。①「…ように，…ために（目的）」の意味のときは，so (that) S will [can / may] *do* の形で，助動詞とともに用いられることがよくあります。また,②「したがって…する（結果）」の意味のときは,コンマがつくことがよくあります。

▶ **whether** ① 「…かどうかにかかわらず，…であれ〜であれ」

　　　　　　② 「…かどうか，…か〜か」

①**の例** Whether you are successful or not, it is important to do your best.

　　（成功するかどうかにかかわらず,あなたが全力を尽くすことが重要だ）

②**の例** She asked him whether he had already had lunch.

　　（彼女は彼にすでに昼食を食べたかどうかを尋ねた）

＊①は副詞節，②は名詞節として使われています。

▶ while ① 「…する間に」

      ② 「…するにもかかわらず（譲歩）」

      ③ 「…する一方で（対照）」

①の例 While he was walking, he called one of his friends.

（散歩中，彼は友人に電話をした）

②の例 While the room is small, there are a lot of books in it.

（その部屋は狭いが，たくさんの本がある）

③の例 While the man wore a white shirt, the woman wore a red shirt.

（その男性は白いシャツを着ていたが，一方でその女性は赤いシャツを着ていた）

*②「…するにもかかわらず（譲歩）」は，although と同様の意味で，主節の内容に重点が置かれます。③「…する一方で（対照）」は，次のように等位接続詞 but のような使い方をすることもあります。

例 Some were for the plan, while others were against it.

（その計画に賛成の者もいれば，一方でそれに反対の者もいた）

THEME
テーマ

11

その他の重要文法事項

この章では形容詞と副詞、否定と倒置、強調構文について学習します。**特に、形容詞と副詞の区別、否定語を用いる倒置形、強調構文は、英文解釈にもつながる重要ポイントです**。仕組みを理解しながら学習しましょう。

--| 思考パート |--(Think about it!)--

さっそく例題を解いてみましょう。

例題▶1 形容詞と副詞を区別しよう!

> 次の空所に入れるのに最も適切なものを、選択肢①～④から選びなさい。
> She was ( ) in the exam.
> ① success ② succeed ③ successful ④ successfully

この問題では、形容詞と副詞について、その違いを理解しているかどうかが問われています。文全体は、「彼女は試験で成功した」という意味になりそうです。形容詞の successful in A「A において成功する」を SVC の C の位置に入れればよいとわかるため、③ successful が正解です。なお、① success は「成功」という意味の名詞ですが、漠然とした概念を表し、本問では文全体が「彼女は試験における成功(という概念)だった」という不自然な意味になるため、誤りです。② succeed は「成功する」という意味の動詞です。すでに was がある本問では、同じ節内に V を 2 つ重ねて用いることはできないため、誤りです。また、④ successfully は「うまく、成功して」という意味の副詞ですが、副詞は原則として C の位置に置くことができず、誤りです。

〔完成文〕 She was successful in the exam.
〔訳例〕 彼女は試験で成功した。

ここで，形容詞の用法について確認しておきましょう。形容詞には限定用法と叙述用法の2種類があります。**限定用法は前から名詞を修飾する用法**で，**叙述用法は文中でCとして用いられるか，後ろから名詞を説明する用法**です。多くの形容詞が限定用法と叙述用法の両方の使い方をします。

┤限定用法の例├

Look at the <u>blue</u> box.（その青い箱を見てください）

┤叙述用法の例├

The box is <u>blue</u>.（その箱は青い）

もっとも，限定用法でしか使えない形容詞と，叙述用法でしか使えない形容詞，また両方で使えるが限定用法と叙述用法で意味が異なる形容詞も存在します。これらについては，表を使ってざっと確認しておきましょう。

限定用法で用いられる形容詞

▶ **elder**「年上の」　▶ **former**「前の」　▶ **live**「生きている」
▶ **main**「主な」　▶ **mere**「単なる」　▶ **only**「唯一の」
▶ **total**「まったくの」

叙述用法で用いられる形容詞

▶ **afraid**「恐れている」　▶ **alike**「似ている」　▶ **alive**「生きている」
▶ **alone**「ひとりでいる」　▶ **asleep**「眠っている」
▶ **awake**「起きている」　▶ **aware**「気づいている」
▶ **glad**「喜んでいる」

＊叙述用法で用いられる形容詞は，a で始まるものが多くあります。

【限定用法と叙述用法で意味が異なる形容詞】

	限定用法	叙述用法
able	有能な	できる
certain	ある	確信して，確かだ
late	最近の，故	遅い，遅れた
present	現在の	出席している

例題 1 で見たように，形容詞と副詞を区別することは重要です。**形容詞は文の中で名詞を修飾するのみならず，C としてはたらきます。**一方で，**副詞は原則として名詞以外（主に動詞）を修飾し，C にはならない**点を押さえておきましょう。

それではもう 1 問，問題を解いてみましょう。

例題 2 否定の副詞が文頭にあるときの倒置を理解しよう！

次の空所に入れるのに最も適切なものを，選択肢①〜④から選びなさい。
（　　） such a beautiful landscape.
① Never I saw　　　　② Never have I seen
③ Never I have seen　　④ I did never have seen　　　　　（法政大）

設問文と選択肢から，文全体は，「私はこんなに美しい景色を見たことがない」という意味になりそうです。I have never seen such a beautiful landscape. とするのが 1 つの書き方ですが，Never を文頭に出し，Never have I seen such a beautiful landscape. とすることもできます。② Never have I seen が正解です。

〔完成文〕 Never have I seen such a beautiful landscape.
〔訳 例〕 私はこんなに美しい景色を見たことがない。

例題▶2 で見たように，否定の副詞（句）を文頭に置く場合は，その後ろを**倒置の形にする**必要があります。**例2** のように倒置が起き，**否定の副詞（句）の後ろが疑問文と同じ形**になる点が重要です。

> **例1** <u>I have</u> never seen such a beautiful landscape.
>
> **例2** Never <u>have I</u> seen such a beautiful landscape.

「否定語らしくない」否定語に注意しよう

まずは次の例文を見てください。

> **例** Little did I dream of being able to see the northern lights.
> （オーロラを見られるなんて，夢にも思わなかった）

この例文では，Little <u>did I</u> dream of being able to ...と，Ｓ Ｖ の部分が疑問文と同じ形になっています。これは一体なぜでしょうか。それは little が否定語だからです。little には，「小さい」や「若い，幼い」といった意味のほかにも「ほとんど…ない，少ししか…ない」のような否定の意味があります。このように，**否定語と言われるものは，代表的な not や never だけでなく，他にもいろいろある**のです。以下に，「見落としやすい否定語」として代表的なものを挙げました。ざっと目を通しておきましょう。

THEME **11** その他の重要文法事項

見落としやすい否定語

> ▶ **little**「ほとんど…ない」 ▶ **few**「ほとんど…ない」
> ▶ **hardly**「ほとんど…ない」 ▶ **scarcely**「ほとんど…ない」
> ▶ **rarely**「めったに…ない」 ▶ **seldom**「めったに…ない」
> ▶ **only**「…しかない，…して初めて［ようやく］」

例題▶3 強調構文の仕組みを理解しよう！

次の空所に入れるのに最も適切なものを，選択肢①〜④から選びなさい。

It was in West Asia（　　　）iron was apparently first used for tools.

① something ② that ③ what ④ which （桜美林大　改）

It was の後に，in West Asia「西アジアで」という副詞句があることに着目します。in West Asia が空所の直後にある iron was apparently first used for tools の部分を修飾していると考えると，文全体は，「鉄が道具として最初に使われたのは，どうやら西アジアのようだ」という意味になりそうです。副詞句 in West Asia を強調するために，これを it is と that の間に挟んだ形（強調構文の形）にすればよいとわかるため，② that が正解です。

> 〔完成文〕 It was in West Asia that iron was apparently first used for tools.
> 〔訳 例〕 鉄が道具として最初に使われたのは，どうやら西アジアのようだ。

強調構文は It is 〜 that ...「…なのは（他ではなく）〜だ，（他ではなく）〜こそが…だ」という形をとります。このとき，**「〜」の部分には強調したい名詞（句）や副詞（句）**を入れます。また，**強調構文には必ず「元の文」があります**。それでは，例えば John saw a white cat on the street.「ジョンは通りで白猫を見た」という元の文があるとき，文の中の名詞（句）や副詞（句）を強調する強調構文はどのような形になるでしょうか。

例1 元の文の「ジョン」を強調したいとき

It was John that [who] saw a white cat on the street.

（通りで白猫を見たのは，ジョンだ）

例2 元の文の「白猫」を強調したいとき

It was a white cat that [which] John saw on the street.

（ジョンが通りで見たのは，白猫だ）

例3 元の文の「通りで」を強調したいとき

It was on the street that John saw a white cat.

（ジョンが白猫を見たのは，通りだ）

＊元の文の中で特に強調したい要素が，それぞれ it is と that に挟まれていることを確認しておきましょう。強調したい名詞が人の場合（**例1**）は who を，人以外の場合（**例2**）は which を使うこともあります。

先ほどの John saw a white cat on the street.「ジョンは通りで白猫を見た」という文を使って，もう1つ考えてみましょう。ジョンがどこで白猫を見たのかわからないとき，疑問詞を用いた「どこで」を尋ねる強調構文の疑問文はどのような形になるでしょうか。そう，on the street「通りで」の部分，つまり場所がわからないわけですから，where を使って 例4 のような文にします。また，疑問文を別の文に組み込んだいわゆる間接疑問では 例5 のような語順に変えます。それぞれ，例3 との違いを確認しておきましょう。

例4 <u>Where</u> was it <u>that</u> John saw a white cat?
（ジョンが白猫を見たのはいったいどこでだろうか）

例5 <u>I don't know where</u> it was <u>that</u> John saw a white cat.
（ジョンが白猫を見たのがいったいどこなのか，私にはわからない）

○その他の重要文法事項の重要ポイント○

❶形容詞には限定用法と叙述用法の2種類がある

❷形容詞と副詞のはたらきの違いを意識しよう

（1）形容詞：①文の中で名詞を修飾する

②Cとしてはたらく

（2）副詞　：①原則として名詞以外（主に動詞）を修飾する

②Cにはならない

❸否定の副詞が文頭にあるときは，後ろは疑問文と同じ倒置の形にする

❹強調構文は元の文を考える

次の空所に入れるのに最も適切なものを，選択肢①〜④から選びなさい。

No. 1 LEVEL ★★☆　　　　CHECK ☐☐☐☐

The student tried to be （　　） in answering the teacher's questions about the problem.

①　truth
②　truthful
③　truthfully
④　truthfulness　　　　（青山学院大）

No. 2 LEVEL ★☆☆　　　　CHECK ☐☐☐☐

Little （　　） suspect that my brother would win the first prize.

①　did I
②　have I
③　I could
④　I didn't　　　　（関西学院大）

No. 3 LEVEL ★★☆　　　　CHECK ☐☐☐☐

（　　） that he's always late?

①　Why is it
②　Why it is
③　How it is
④　How does it　　　　（青山学院大）

No. 4 LEVEL ★★★　　　　CHECK ☐☐☐☐

Only recently （　　） appreciate what the idleness of apes tells us about human evolution.

①　we will come to
②　have we come to
③　we have become to
④　can we become to　　　　（中央大　改）

No. 5 LEVEL ★★☆　　　　CHECK ☐☐☐☐

What is it about this news story （　　） people find so interesting?

①　that
②　what
③　who
④　why　　　　（学習院大）

(   ) accept the proposal from Barry.

  ① Never did anyone believe that she would

  ② Anyone couldn't believe that she would

  ③ No sooner had we arrived there than she

  ④ It was his offer that she would　　　　　　　　　（中央大　改）

Once you turn on the computer, the main menu will appear（   ）.

  ① automate　　　　　　　② automatically

  ③ automatic　　　　　　　④ automation　　　　（青山学院大）

It was in Tokyo that（   ）.

  ① I met him for the first time　② I did somewhere

  ③ I wanted work there　④ was the biggest city in Japan

　　　　　　　　　　　　　　　　　　　　　　　　　　（駒澤大）

THEME

11

その他の重要文法事項

No. 1　② truthful

The student tried to be（ ② ）in answering the teacher's questions about the problem.

正解への思考プロセス

(1) 空所の直前に be があることから，これに続く C となるものを空所に入れることを見抜きます。

(2) 空所に形容詞 truthful「正直な」を入れることで，「その学生は問題についての教師の質問に答える際，正直でいようとした」という意味の自然な文を作ることができるため，② truthful が正解です。

＊① truth「真実」と④ truthfulness「正直」は，それぞれ，「その学生は真実（という概念）になろうとした」「その学生は正直（という概念）になろうとした」という不自然な意味になるため誤りです。③ truthfully は「正直に」という意味の副詞ですが，副詞は原則として C の位置に置くことができないため，誤りです。

完成文　The student tried to be truthful in answering the teacher's questions about the problem.

訳例　その学生は問題についての教師の質問に答える際，正直でいようとした。

No. 2　① did I

Little（ ① ）suspect that my brother would win the first prize.

正解への思考プロセス

(1) 文頭に否定語の Little があることから，後ろは倒置の形になることを見抜きます。

(2) 空所に did I を入れることで，「兄 [弟] が一等賞をとるなんて，まったく思いもしなかった」という意味の自然な文を作ることができるため，① did I が正解です。

＊② have I は，後ろに過去分詞を続けるのが倒置の正しい形であるため，原形の suspect が続いている本問では誤りです。また，③ I could と④ I didn't はいずれも倒置の形でないため，誤りです。

> **完成文** Little did I suspect that my brother would win the first prize.
>
> **訳例** 兄［弟］が一等賞をとるなんて，まったく思いもしなかった。

No.3 ① Why is it

（ ① ） that he's always late?

正解への思考プロセス

(1) 空所の直後にある that と選択肢から，疑問詞を用いた強調構文の疑問文を作ることを見抜きます。

(2) Why is it を入れることで，「彼がいつも遅刻するのはいったいなぜだろうか」という意味の自然な文を作ることができるため，① Why is it が正解です。

＊② Why it is と③ How it is は，どちらも疑問文の語順ではないため，誤りです。④ How does it は be 動詞が使われておらず，強調構文の形ではないため，誤りです。

> **完成文** Why is it that he's always late?
>
> **訳例** 彼がいつも遅刻するのはいったいなぜだろうか。

No.4 ② have we come to

Only recently （ ② ） appreciate what the idleness of apes tells us about human evolution.

正解への思考プロセス

(1) Only recently「最近になってようやく」という，否定語 only を含む副詞句が文頭にあることから，空所以降は倒置形になることを見抜きます。

(2) 空所の直後に appreciate という動詞があることから，come to do「…するようになる」という表現を作ればよいとわかるため，② have we come to が正解です。

＊① we will come to と③ we have become to は，どちらも倒置形ではないため，誤りです。なお，become to do という形は，ありえない形です。③ we have become to と④ can we become to は，いずれもこの形を含んでいるため，誤りです。

THEME

11

その他の重要文法事項

完成文 Only recently have we come to appreciate what the
idleness of apes tells us about human evolution.
訳例 最近になってようやく，私たちは類人猿が怠惰であることが人間の進化に
ついて語っていることがわかるようになった。

No. 5 ① that

What is it about this news story （ ① ） people find so interesting?

正解への思考プロセス

(1) 文頭にある What is it という表現から，この文は疑問詞を用いた強調構文
の疑問文ではないかと考えることができます。

(2) 空所に that を入れることで，「この知らせについて，人々はいったい何を
そんなに面白いと思っているのだろうか」という意味の自然な文を作ること
ができるため，① that が正解です。

＊② what，③ who，④ why はいずれも，本問の形で強調構文を作ることはで
きないため，誤りです。

完成文 What is it about this news story that people find so
interesting?
訳例 この知らせについて，人々はいったい何をそんなに面白いと思っているの
だろうか。

No. 6 ① Never did anyone believe that she would

（ ① ） accept the proposal from Barry.

正解への思考プロセス

(1) 選択肢を１つひとつ検討していきます。空所に① Never did anyone
believe that she would を入れると，Never did anyone ... accept the
proposal from Barry. という，否定語 never を文頭に置いた倒置文ができ
ます。

(2) 文全体も「彼女がバリーからの結婚の申し込みを受け入れるだろうとは誰
も信じなかった」という自然な意味になるため，①が正解です。

＊② Anyone couldn't believe that she would は，Any ... not という語順

が原則として認められないため，誤りです。③ No sooner had we arrived there than she は，no sooner ... than ～「…するとすぐに～」という表現ですが，she accept というありえない形になるため（過去のことなので，過去形を用いて she accepted という形にするのが正しいため），誤りです。④ It was his offer that she would は，「彼女がバリーからの結婚の申し込みを受け入れるだろうということは，彼の申し出である」という不自然な意味になるため誤りです。

> 【完成文】 Never did anyone believe that she would accept the proposal from Barry.

> 【訳 例】 彼女がバリーからの結婚の申し込みを受け入れるだろうとは誰も信じなかった。

No.7 ② automatically

Once you turn on the computer, the main menu will appear (②).

▶ 正解への思考プロセス

(1) 空所の直前にある appear に着目すると，appear「現れる」または appear C「C に見える」という表現が使われていると考えることができます。

(2) 空所に automatically という副詞を入れることで，「コンピューターの電源を入れると，メインメニューは自動的に現れるだろう」という意味の自然な文を作ることができるため，② automatically が正解です。

*① automate「自動化する」は動詞であり，すでに appear という V がある本問では，同じ節内に V を 2 つ重ねて用いることはできないため，誤りです。③ automatic「自動的な」（形容詞）と④ automation「自動化」（名詞）は，どちらも appear C「C に見える」の形で用いることができますが，それぞれ，「メインメニューは自動的であるように見えるだろう」「メインメニューは自動化に見えるだろう」という不自然な意味になるため，誤りです。

> 【完成文】 Once you turn on the computer, the main menu will appear automatically.

> 【訳 例】 コンピューターの電源を入れると，メインメニューは自動的に現れるだろう。

No.8 ① I met him for the first time

It was in Tokyo that （ ① ）.

正解への思考プロセス

(1) 空所の直前まで続く It was in Tokyo that という書き出しから，この文は強調構文ではないかと考えることができます。

(2) 空所に① I met him for the first time を入れることで，in Tokyo「東京で」を強調した強調構文（元の文は I met him for the first time in Tokyo.「私は東京で初めて彼と会った」）を作ることができるため，①が正解です。

＊ ② I did somewhere，③ I wanted work there，④ was the biggest city in Japan についても強調構文の元の文（in Tokyo を元の位置に戻した文）を考えます。②は I did somewhere in Tokyo. という did の目的語がない文になってしまい，③は I wanted work there in Tokyo という there と in Tokyo が並ぶ不自然な文になってしまうため，それぞれ誤りです。④は in Tokyo を元の位置に戻して文を作ることができません。

完成文 It was in Tokyo that I met him for the first time.

訳例 私が初めて彼に会ったのは東京だ。

暗記パートでは，重要な知識事項を一気に学びます。

それでは，さっそく例題を解いてみましょう。

> **例題▶** 次の空所に入れるのに最も適切なものを，
> 選択肢①〜④から選びなさい。
>
> It was (　　　) of you to send flowers to your mother on her
> birthday.
> ① considerable　　　② considerate
> ③ considered　　　　④ considering　　　　　　　　　（立教大）

この問題は，見た瞬間に② considerate が正解だと判断したい問題です。It
is ... of A to *do* で「〜するなんて A は…だ」という意味の表現であり，「…」
の部分には人の性質を表す形容詞が入ります。よって，② considerate「思
いやりのある」が正解です。① considerable は「かなりの，相当の」，③
considered は「考えられる，よく考えたうえでの」，④ considering は「考
えている」という意味であり，いずれも文全体が不自然な意味になるため，
誤りです。

> **完成文▶** It was considerate of you to send flowers to your mother on
> her birthday.
>
> **訳例▶** お母さんの誕生日に花を贈るなんて，あなたは思いやりがある。

例題▶ のような意味のまぎらわしい形容詞については，まとめて覚えてしま
いましょう。

【意味のまぎらわしい形容詞】

▶ sensible「分別のある，賢明な」▶ sensitive「感じやすい，敏感な」

▶ respectable「(社会的に) きちんとした，品のよい」
▶ respectful「(人に) 敬意を表する，尊敬の念を持つ」
▶ respective「それぞれの」

▶ imaginative「想像力の豊かな，想像力を働かせた」
▶ imaginable「想像できる」▶ imaginary「想像上 (架空) の」

▶ considerate「思いやりのある」▶ considerable「かなりの，相当な」

▶ regretful「(人が) 後悔している」
▶ regrettable「(行為・事件などが) 後悔すべき，残念な」

▶ industrial「工業の，産業の」▶ industrious「勤勉な」

▶ literal「文字通りの」▶ literary「文学の」▶ literate「読み書きのできる」

▶ successive「連続した」▶ succession「連続・継続」
▶ successful「成功した」▶ success「成功」

▶ valuable「価値の高い，貴重な」▶ valueless「無価値の，つまらない」
▶ invaluable「非常に貴重な」＊

＊ priceless「(値段をつけられないほど) 非常に貴重な」も同様の意味です。

人を主語にできない形容詞

形容詞にはさまざまなものがありますが，中には人を主語にできないものも
あります。このような形容詞についても，まとめて覚えてしましましょう。

人を主語にできない形容詞

▶ convenient「都合がいい，便利な」 ▶ impossible「不可能な」
▶ inconvenient「都合が悪い」 ▶ necessary「必要な」
▶ possible「可能な／ありうる」 ▶ unnecessary「不要な」

＊例えば，「それはあなたにとって都合がいいですか」という日本語を英文にするときは，(○) Is it convenient for you? のような形で表します。(×) Are you convenient? とはならないことに注意しましょう。

...ly の有無で意味が異なる副詞

まずは，次の例文を見てください。

> **例** She practiced playing the guitar <u>hard</u>.
> （彼女は一生懸命ギターを弾く練習をした）
>
> **例** She <u>hardly</u> said anything.
> （彼女はほとんど何も言わなかった）

hard と hardly では意味に大きな違いがあることがわかります。このように，「...ly」があるかどうかで意味が異なる副詞についても見ておきましょう。

【「...ly」があるかどうかで意味が異なる副詞】

▶ close「近くに」 ▶ closely「綿密に」
▶ hard「一生懸命，激しく」 ▶ hardly「ほとんど〜ない（準否定語）」
▶ high「高く」 ▶ highly「非常に」
▶ late「遅く」 ▶ lately「最近」
▶ most「最も」 ▶ mostly「たいてい」
▶ near「近くに」 ▶ nearly「ほとんど」

否定に関するさまざまな表現

否定に関する表現にはさまざまなものがあり，中には否定語を含んでいるわけではないのに，否定の意味を持つ表現もあります。直訳から，なぜ否定の意味になるかを1つひとつ確認しながら，知識として押さえておきましょう。

【否定語を用いない，否定の意味を持つ重要表現】

No.019

▶ anything but A 「決してAではない」	例 The man is **anything but** a musician. （彼は決して音楽家なんかではない） ＊「A以外のもの」という意味です。
▶ free from [of] A 「Aがない」	例 John is **free from** stress after quitting his job. （仕事を辞めてから，ジョンはストレスがない） ＊「Aから解放されている」という意味です。
▶ fail to *do* 「…しない，…できない」	例 Chris **failed to** pass the exam. （クリスはその試験に合格できなかった）
▶ far from A 「決してAではない」	例 Her performance was **far from** satisfactory. （彼女の演技は決して満足のいくものではなかった） ＊「Aからほど遠い」という意味です。
▶ have [be] yet to be ... 「まだ…でない」	例 The problem **has [is] yet to be** solved. （その問題はまだ解決されていない） ＊「これから…になる」という意味です。remain to be ... も同様の表現です。
▶ the last A to *do* 「最も…しそうにないA」	例 He is **the last** person **to** tell a lie. （彼は最もうそをつきそうにない人だ） ＊「（最初から数えていったら）最後に…するA」と考えると覚えやすいでしょう。

否定語を用いる重要表現や否定の意味を強調する表現についても確認しておきましょう。

【否定語を用いる重要表現】

▶ never ... without ~ 「…すると必ず~する」	例 He **never** visits Kyoto **without** taking a lot of photos. （彼は京都を訪れると必ずたくさん写真を撮る） ＊「~することなしに…することはない」（二重否定）という意味です。
▶ It is not [won't be] long before ...「まもなく…する」	例 It **won't be long before** the train arrives. （まもなく電車が到着する）
▶ nothing but A 「A にすぎない, A だけ」	例 The shop deals in **nothing but** imports from China. （その店は中国からの輸入品だけを扱っている） ＊ but A「A 以外」を用いた表現で,「A 以外何もない」が直訳です。
▶ cannot be too ... 「どんなに…してもしすぎることはない」	例 You **cannot be too** careful when driving a car. （車の運転中はどんなに注意してもしすぎることはない） ＊「注意しすぎている状態にはなれない」が直訳です。
▶ no doubt 「おそらく, たぶん, 確かに」	例 She **no doubt** knew the truth. （彼女はおそらく真実を知っていた）
▶ (it is) no wonder (that) 「…は当然だ」	例 **No wonder** she looked happy. （彼女が幸せそうに見えたのは当然だ）

【否定を強調する重要表現】

▶ at all 「まったく［決して］（…ない）」	例 The problem isn't hard to solve **at all**. （その問題は解くのはまったく難しくない）
▶ by any means 「まったく［決して］（…ない）」	例 He wasn't **by any means** having a good time. （彼は決して楽しい時間を過ごしていたわけではない）
▶ in any way 「まったく［決して］（…ない）」	例 She won't **in any way** feel lonely with her pet. （彼女はペットと一緒ならまったくさびしく感じないだろう）
▶ whatever [whatsoever] 「まったく［決して］（…ない）」	例 He had no chance **whatever**. （彼にはまったくチャンスがなかった）

THEME

11

その他の重要文法事項

動詞の語法まとめ

ここでは，動詞の語法をまとめます。動詞の語法を確実に身につけるために有効なのが，**例文で具体的な使い方を確認すること**です。また，それぞれの**語法の仕組みを理解しながら覚えていく**ことも大切です。このように学習を進めていくことで，理解が深まり，知識が定着しやすくなります。

例えば，「A を B とみなす」という意味の regard A as B，see A as B，view A as B という語法がありますが，これらの語法には「A と B の間に主語・述語の関係がある」「B には名詞だけでなく，形容詞や分詞も来る」という共通点があります。このように，同じ形をとる語法には共通の意味や使い方があることが多いのです。こうした情報をグループにして頭に入れておくと，それぞれの語法をバラバラに頭に入れたときと比べて，知識として定着しやすくなります。ですから，似たような表現，例えば think of A as B「A を B と考える」を新しい知識として学んだときも，regard A as B のグループに入れていくような感覚で覚えることができ，整理しながら記憶することができるのです。

入試頻出の重要語法を厳選したものを以下に表としてまとめました。記憶を補助する知識や例文とともに掲載していますから，繰り返し読んで，重要語法を身につけましょう。

expect A of B 型の動詞

「求める」という意味を持つこの型の動詞には，of とともに用いられ，B には主に人が来るという共通点があります。

No.022

▶ expect A of B 「B に A を期待する，B に A を求める」	例 They expected politeness of me. （彼らは私に礼儀正しさを求めた）
▶ ask A of B 「B に A を求める」	例 Can I ask a favor of you? （お願いがあるのですが）
▶ demand A of B 「B に A を要求する」	例 The task demands hard work of the students. （その課題は学生たちに猛勉強を要求する）
▶ require A of B 「B に A を求める」	例 They required a careful investigation of the police. （彼らは警察に慎重な捜査を求めた）

blame A for B 型の動詞

Aには人が，Bには責めたりほめたり叱ったりする対象となる行為が来ます。

No.023

▶ blame A for B 「BのことでAを責める」	例 She blamed him for her failure. （彼女は自分の失敗のことで彼を責めた）
▶ praise A for B 「BのことでAをほめる」	例 They praised him for his good performance in the musical. （彼らはミュージカルでの彼の素晴らしい演技を称賛した）
▶ scold A for B 「BのことでAを叱る」	例 His mother scolded him for not doing his homework. （彼の母親は，宿題をしないことで息子を叱った）
▶ criticize A for B 「BのことでAを批判する」	例 The man criticized his colleague for being late. （その男性は同僚が遅刻したことを批判した）
▶ excuse A for B 「BのことでAを許す」	例 The teacher excused the student for her mistake. （その教師は生徒の過ちを許した）
▶ punish A for B 「BのことでAを罰する」	例 The woman was punished for theft. （その女は窃盗で罰せられた）
▶ thank A for B 「BのことでAに感謝する」	例 She thanks her mother for her success. （彼女は自分の成功について母親に感謝している）

deprive A of B 型の動詞

「分離の of」が使われているのが特徴です。原則として「AからBを取り除く」や「AからBを奪う」という意味になります。

No.024

▶ deprive A of B 「AからBを取り上げる［奪う］」	例 The work deprived him of sleep. （その仕事は彼から睡眠を奪った）
▶ clear A of B 「AからBを取り除く」	例 They cleared the room of all the garbage. （彼らはその部屋からすべてのごみを片づけた）
▶ cure A of B 「AからBを取り除いて治す」	例 This medicine cured me of my headache. （この薬は私の頭痛を治してくれた）
▶ relieve A of B 「AからBを取り除いて解放する」	例 Taking a walk relieved him of stress. （散歩をすることは彼をストレスから解放した）
▶ rob A of B 「AからBを奪う」	例 The robber robbed a woman of money. （その強盗は女性からお金を奪った）

advise O to *do* 型の動詞

いずれも「O が…する」という意味を含みます。

No.025

▶ **advise** O to *do* 「O が…するよう助言する」	例 The doctor **advised** him to quit smoking. (医師は彼にたばこをやめるよう助言した)
▶ **allow** O to *do* 「O が…するのを許す」	例 He was **allowed** to park his car there. (彼はそこに駐車することを許された)
▶ **ask** O to *do* 「O に…するよう頼む」	例 The experimenter **asked** the subjects to read a text. (実験者は被験者に文章を読むよう求めた)
▶ **cause** O to *do* 「O に…させる」	例 The warm weather **caused** the cherry blossoms to come out earlier than usual. (暖かい天候が桜を例年より早く咲かせた)
▶ **enable** O to *do* 「O が…することを可能にする」	例 Technology has **enabled** us to work more effectively. (科学技術は私たちがより効率的に働くことを可能にした)
▶ **encourage** O to *do* 「O が…するよう促す」	例 His parents **encouraged** him to try everything. (彼の両親は彼がどんなことにも挑戦するよう促した)
▶ **expect** O to *do* 「O が…することを期待する」	例 Sales are **expected** to rise next year. (売り上げは来年伸びると見込まれている)
▶ **force [compel / oblige]** O to *do* 「O に（強制的に）…させる」	例 They tried to **force** her to work overtime. (彼らは彼女に残業をさせようとした)
▶ **help** O (to) *do* 「O が…するのを助ける, O が…するのに役立つ」	例 Smartphones **help** us to learn. (スマートフォンは私たちが学習するのに役立つ)
▶ **permit** O to *do* 「O が…するのを許す」	例 The city **permitted** him to open a café. (市は彼がカフェを開くことを許可した)
▶ **persuade** O to *do* 「O を説得して…させる」	例 She **persuaded** her mother to let her go out. (彼女は母親を説得して外出を許可させた)
▶ **remind** O to *do* 「O に…することを気づかせる [思い出させる]」	例 The poster **reminds** me to drive carefully. (そのポスターは慎重に運転することを私に思い出させる)

▶ require O to *do* 「O に…するよう要求する」	例 The rule **requires** the players **to** wear a helmet. (そのルールは選手にヘルメットを着用するよう求めている)
▶ tell O to *do* 「O に…するよう言う, O に…するよう命令する」	例 The teacher **told** the students **to** hand in the assignment. (教師は学生たちに課題を提出するよう言った)
▶ want O to *do* ≒ would like O to *do* 「O に…してほしいと思う」	例 She **wants** him **to** open the window. 例 She **would like** him **to** open the window. (彼女は彼に窓を開けてほしいと思っている)
▶ warn O to *do* 「O に…するよう警告する」	例 He **warned** her not **to** say rude things. (彼は失礼なことを言わないよう彼女に警告した)

prevent O from *doing* 型の動詞

from には分離の意味が含まれており，O と *doing* を切り離すという意味を持つことから，原則として「O に…させない」や「O が…するのを禁止する」という意味になります。

No.026

▶ prevent O from *doing* 「O が…するのを妨げる」	例 The terrible headache **prevented** me **from** working. (ひどい頭痛が，私が作業をするのを妨げた)
▶ ban O from *doing* 「O が…するのを禁止する」	例 The city **banned** the residents **from** entering the river. (市は住民がその川に入ることを禁止した)
▶ discourage O from *doing* 「O に…する気をなくさせる」	例 She **discouraged** her child **from** studying. (彼女は子どもに勉強する気をなくさせた)
▶ hinder O from *doing* 「O が…するのを妨げる」	例 The tree **hindered** them **from** going any further. (その木は彼らがそれ以上先に進むのを妨げた)
▶ keep O from *doing* 「O が…するのを妨げる」	例 The heavy rain **kept** them **from** going outside. (大雨が，彼らが外出するのを妨げた)
▶ stop O from *doing* 「O が…するのを止める」	例 The typhoon **stopped** us **from** sailing out to sea. (台風は私たちが船で海に出るのを妨げた)

regard A as B 型の動詞

as が「イコール（同じ）」の意味を持つことから，「A ＝ B」の関係が成り立ちます。基本的にはどの表現も「A を B とみなす」に近い意味になりますが，B には名詞だけでなく形容詞や分詞なども入りうる点に注意が必要です。

No.027

▶ regard A as B 「A を B とみなす」	例 They **regard** her **as** an expert on dogs. （彼らは彼女を犬の専門家だとみなしている）
▶ accept A as B 「A を B だと認める」	例 They had to **accept** the policy change **as** inevitable. （彼らは政策変更を避けられないものとして受け入れざるを得なかった）
▶ classify A as B 「A を B に分類する」	例 Experts **classified** the newly found insect **as** a butterfly. （専門家たちは新たに発見された昆虫をチョウに分類した）
▶ count A as B 「A を B とみなす」	例 He **counted** her **as** a friend. （彼は彼女を友人とみなした）
▶ define A as B 「A を B と定義する」	例 Some **define** success **as** earning lots of money. （中には成功をたくさんのお金を稼ぐことだと定義する人もいる）
▶ describe A as B 「A を B と説明する」	例 She **described** the man **as** kind. （彼女はその男性を親切な人だと説明した）
▶ imagine A as B 「A が B だと想像する」	例 He **imagined** himself **as** a leader of the country. （彼は自分がその国のリーダーであることを想像した）
▶ look on A as B 「A を B とみなす」	例 He **looks on** exercise **as** an indispensable part of his daily routine. （彼は運動を不可欠な日課だとみなしている）
▶ refer to A as B 「A を B と言う」	例 People **refer to** this area **as** Chubu. （人々はこの地域を中部と言う）
▶ see A as B 「A を B とみなす」	例 They **see** him **as** an able lawyer. （彼らは彼を有能な法律家だとみなしている）
▶ treat A as B 「A を B として扱う」	例 He **treats** the child **as** his own son. （彼はその子を自分の息子のように扱う）
▶ think of A as B 「A を B と考える」	例 He **thinks of** his job **as** something like play. （彼は自分の仕事が遊びのようなものだと考えている）
▶ view A as B 「A を B とみなす」	例 Some people **view** a cat **as** something like a friend. （中にはネコを友人のように見なしている人もいる）

fill A with B 型の動詞

多くの場合「A を B で満たす」や「A に B を与える」という意味になります。

No.028

▸ **fill A with B** 「A を B でいっぱいにする」	例 She filled the glass with water. （彼女はグラスを水で満たした）
▸ **equip A with B** 「A に B を備えつける」	例 We equipped our kitchen with the latest appliances. （私たちはキッチンに最新の家電製品を備えつけた）
▸ **furnish A with B** 「A に B を与える」	例 He furnished the police officers with family photos. （彼は警察官に家族の写真を提供した）
▸ **present A with B** 「A に B を贈る」	例 The organizer presented him with a bicycle as an award. （主催者は賞品として彼に自転車を贈った）
▸ **provide A with B** ≒ **provide B for A** 「A に B を供給 [提供] する」	例 The organization provided people with food. 例 The organization provided food for people. （その団体は人々に食料を提供した）

turn A into B 型の動詞

変化の意味を持つ into が使われているのが特徴です。原則として「A を B に変える」という意味になります。

No.029

▸ **turn A into B** 「A を B に変える」	例 She turned the room into a gallery. （彼女はその部屋を画廊に変えた）
▸ **change A into B** 「A を B に変える」	例 The magician changed a glove into a rabbit. （そのマジシャンは手袋をウサギに変えた）
▸ **divide A into B** 「A を B に分割する」	例 He divided the cake into four pieces. （彼はケーキを4つに分けた）
▸ **make A into B** 「A から B を作る」	例 They made grapes into wine. （彼らはブドウからワインを作った）
▸ **transform A into B** 「A を B に変える」	例 We transformed the bedroom into a sewing room. （私たちは寝室を裁縫部屋に変えた）
▸ **translate A into B** 「A を B に翻訳する」	例 He translated English into Japanese. （彼は英語を日本語に翻訳した）

inform A of B 型の動詞

この型の動詞は「伝達」の意味を持ち，of とともに用いられます。A には主に人が，B には主に物や事が来ます。

No.030

▶ inform A of B 「A に B を伝える」	例 She informed him of the rumor. （彼女は彼にそのうわさを伝えた）
▶ convince A of B 「A に B を納得させる， A に B を確信させる」	例 He convinced the customer of the benefits of the product. （彼は顧客にその商品の長所を納得させた）
▶ notify A of B 「A に B を知らせる」	例 You should notify her of any changes in the plan. （あなたは彼女にその計画のどんな変更も知らせるべきだ）
▶ persuade A of B 「A に B を確信させる」	例 The lawyer persuaded the judge of the suspect's innocence. （その弁護士は判事に容疑者の無罪を確信させた）
▶ remind A of B 「A に B を思い出させる」	例 This photo reminds me of the good old days. （この写真は私に古きよき時代を思い出させる）
▶ tell A of B 「A に B を伝える」	例 She told me of her plans to study in Italy. （彼女は私にイタリアに留学する計画について話した）
▶ warn A of B 「A に B について警告する」	例 He warned her of the dangers of her behavior. （彼は彼女に行動の危険性について警告した）

distinguish A from B 型の動詞

from を用いて，「区別」の意味を表す表現があります。

No.031

▶ distinguish A from B 「A を B と区別する」	例 She couldn't distinguish dogs from wolves. （彼女は犬とオオカミの区別ができなかった）
▶ know A from B 「A と B の見分けがつく」	例 He doesn't even know salt from sugar. （彼は塩と砂糖を見分けることさえもできない）
▶ tell A from B 「A と B の区別ができる」	例 It's difficult to tell real pearls from artificial pearls. （本物の真珠と人工真珠を見分けるのは難しい）

基本5文型

英文は動詞の後ろの形に応じて5つの文型に分類されることがあります。もちろん,厳密にはすべての英文が5つに分類できるわけではありませんが,文型ごとに動詞の意味がある程度グループ分けできるため,語法を整理するときには便利です。例文とともに各文型の重要動詞を確認しておきましょう。

主な第1文型動詞

第1文型は SV の形をとり,多くの場合に副詞句を伴います。また,第1文型動詞は「存在」や「移動」の意味になることが多いと言えます。

No.032

▸ be 「いる,ある」	例 The student **was** in the gymnasium. (その学生は体育館にいた)
▸ go 「行く」	例 The student **went** to the teachers' room. (その学生は職員室に行った)
▸ remain 「残っている」	例 The student **remained** in the classroom. (その学生は教室に残っていた)

主な第2文型動詞

第2文型は SVC の形をとり,S と C の間には,「S が…である」「S が…になる」「S が…する」といった主語・述語の関係があります。

No.033

▸ appear C 「C に見える」	例 Your luggage **appears** light. (あなたの荷物は軽そうに見える)
▸ come C 「C になる」	例 Your dreams will surely **come** true. (あなたの夢はきっとかなう)
▸ get C 「C になる」	例 She **got** much better. (彼女はずっと元気になった)
▸ go C 「C になる」	例 The milk will **go** bad if you leave it out. (牛乳は外に出したままにしておくと腐ってしまう)
▸ grow C 「C になる」	例 They **grew** old. (彼らは年をとった)
▸ look C 「C に見える」	例 The man **looked** happy. (その男性は幸せそうに見えた)
▸ prove C 「C だとわかる」	例 The job **proved** easy. (その仕事は簡単だとわかった)
▸ seem C 「C のようだ」	例 She **seems** happier than yesterday. (彼女は昨日より幸せそうだ)

▸ smell C 「C なにおいがする」	例 This soup smells good. (このスープはいいにおいがする)
▸ sound C 「C に聞こえる」	例 That sounds great! (いいね！)
▸ taste C 「C な味がする」	例 The cake tasted good. (そのケーキは美味しかった)
▸ turn C 「C になる」	例 The traffic light turned green. (信号が青に変わった)

主な第3文型動詞

第3文型は SVO の形をとります。第3文型動詞は後ろに目的語（動詞の表す行為の対象）を置きますが，that 節を目的語にとることのできる第3文型動詞は，その多くが「思う」「考える」といった「人の認識」や，「言う」「示す」といった「情報の伝達」の意味を表します。

No.034

▸ eat 「…を食べる」	例 He ate ice cream last night. (彼は昨晩，アイスクリームを食べた)
▸ show 「…を示す」	例 This paper shows that the hypothesis was correct. (この論文は，仮説が正しかったということを示している)
▸ think 「…と思う［考える］」	例 I think that she will come. (私は彼女が来ると思う)

主な第4文型動詞

第4文型は SVO_1O_2 の形をとります。第4文型動詞の多くは「O_1 に O_2 を与える」という意味になりますが，これとは違う意味になる重要な第4文型動詞もあります。

【「与える」の意味になる重要な第４文型動詞】

▶ allow O_1 O_2 「O_1（人）に O_2（お金・時間・食物など）を与える」	例 Our teacher allowed us more time to take the test. （私たちの先生は，私たちにより多くの試験時間を与えてくれた）
▶ cause O_1 O_2 「O_1（人）に O_2（損害・苦痛など）をもたらす」	例 The person caused us a lot of trouble. （その人物は多くの厄介事を私たちにもたらした）
▶ do O_1 O_2 「O_1（人・作物など）に O_2（利益・損害・害など）を与える」	例 The hurricane will do crops great damage. （そのハリケーンは作物に多大な損害を与えるだろう）
▶ give O_1 O_2 「O_1（人など）に O_2（物・お金）を与える」	例 He gave us some chocolate. （彼は私たちにチョコレートをくれた）

【「与える」以外の意味になる重要な第４文型動詞】

▶ cost O_1 O_2 ① 「O_1（人）に O_2（お金）がかかる」 ② 「O_1（人）に O_2（犠牲）を払わせる，O_1（人）に O_2（生命・財産など）を失わせる」	①の例 It cost me 1,000 yen to have my bicycle repaired. （自転車を修理してもらうのに 1,000 円かかった） ②の例 One mistake could cost a driver his [her] life. （たった1つのミスが運転者の命を奪うこともある）
▶ deny O_1 O_2 「O_1（人）に O_2（機会・権利など）を与えない」	例 The government denied people some of their basic rights. （政府は人々に基本的な権利の一部を与えなかった）
▶ envy O_1 O_2 「O_1（人）の O_2（物・事）をうらやむ」	例 She always envies other people their good luck. （彼女はいつも他人の運のよさをうらやんでいる）
▶ owe O_1 O_2 ① 「O_1（人・店など）に O_2（お金）を借りている」 ② 「O_1（人）に O_2（恩義・謝罪など）を負っている」	①の例 I owe my sister 5,000 yen. （私は姉［妹］に 5,000 円を借りている） ②の例 He owes her his success. （彼の成功は彼女のおかげだ）

▶ save O₁ O₂ 「O₁（人など）の O₂（時間・お金・労力）を節約する」	例 Artificial Intelligence **saves** us a lot of time and effort. （人工知能は私たちの時間と労力を大幅に節約してくれる）
▶ spare O₁ O₂ ① 「O₁（人）に O₂（苦労・不安・手間暇など）をかけない」 ② 「O₁（人）に O₂（お金・時間など）を割く」	①の例 That machine **spares** us the effort of cooking. （その機械は私たちの料理の手間を省いてくれる） ②の例 Could you **spare** me a minute? （少し時間をいただけますか）
▶ take O₁ O₂ 「O₁（人）に O₂（時間・労力など）がかかる」	例 It **takes** me 10 minutes to walk to the nearest station. （私は，最寄り駅まで歩いて 10 分かかる）
▶ wish O₁ O₂ 「O₁（人）の O₂（幸運・成功など）を願う」	例 She **wished** him good luck. （彼女は彼の幸運を祈った）

主な第5文型動詞

第5文型は SVOC の形をとり，O と C の間には，「O が C である」「O が C する」といった主語・述語の関係があります。

No.037

▶ consider O C 「O を C だと考える」	例 The woman **considered** him a kind person. （その女性は彼を親切な人だと考えた）
▶ find O C 「O が C だとわかる［気づく，思う］」	例 I **found** the problem easy to solve. （その問題は簡単に解決できると私は思った）
▶ keep O C 「O を C のままにする」	例 She **kept** the door open. （彼女はドアを開けたままにした） ＊自分の意志でするイメージです。
▶ leave O C 「O を C のままにする」	例 She **left** the door open. （彼女はドアを開けたままにした） ＊放置のイメージです。
▶ make O C 「O を C にする」	例 His story **made** me happy. （彼の話は私を幸せにした）
▶ think O C 「O を C だと思う［考える］」	例 He **thought** her honest. （彼は彼女が正直だと思った）

「言う」の意味を表すさまざまな表現

日本語の「言う」は，英語ではさまざまな表現があり，その語法の区別が問題となります。以下に重要な表現についてまとめました。この機会に確認しておきましょう。

talk と speak

原則としてこの2つの動詞はいずれも，目的語をとらない自動詞として用いられます。同じような意味になるため，セットで覚えておきましょう。これらは，話す内容というよりは，話す行為そのものに重点を置く表現です。

【talk や speak が自動詞として用いられている例】

No.038

▶ talk with [to] A about [of] B 「AとBについて話す」	例 He talked with [to] her about [of] the trip. （彼は彼女と旅について話した）
▶ speak with [to] A about [of] B 「AとBについて話す」	例 He spoke with [to] her about [of] the trip. （彼は彼女と旅について話した）

なお，この2つの動詞は例外的に他動詞としても用いられます。

【talk や speak が他動詞として用いられている例】

No.039

▶ speak O 「O（言語）を話す」	例 She speaks Italian. （彼女はイタリア語を話す）
▶ talk O into *doing* 「O（人）を説得して…させる」	例 He talked his father into lending him some money. （彼は父親を説得してお金を貸してもらった）

say と tell

この2つの動詞は，原則としていずれも他動詞として用いられます。これらは，話す行為そのものというよりは，どちらかというと話す内容に重点を置きます。例文を使って，それぞれの動詞の使い方を確認しておきましょう。

（1）say O「O を言う，O という」

O には，引用符（"..."）つきのセリフや，something や nothing などの名詞，that 節などが来ます。

> 例 He said, "I'll open a café."
> （彼は「カフェを開く」と言った）
> 例 He said something.
> （彼は何かを言った）
> 例 He said that he would open a café.
> （彼はカフェを開くと言った）

（2）tell O_1 O_2「O_1（人）に O_2（物）を伝える」

O_2 には，名詞のほか，that 節も来ます。また，tell a lie「うそをつく」や tell a story「話を伝える」など，一部の表現では O_1 を省略することがあります。

> 例 She told me a funny story.
> （彼女は私に面白い話を伝えた）
> 例 She told me that she would attend the meeting.
> （彼女は私に会議に出席すると伝えた）

（3）tell O of [about] A「O（人）に A について伝える」

> 例 She told me about [of] the plan.
> （彼女は私にその計画について伝えた）

（4）tell O to *do*「O（人）に…するよう言う」

> 例 She told him to clean the room.
> （彼女は彼に部屋を掃除するよう言った）

tell 型の動詞と explain 型の動詞

「言う」「伝える」といった伝達の意味を表す動詞は，形に基づいて tell 型と explain 型の 2 つに分けることができます。2 つの型の大きな違いは，伝達する相手の表し方にあります。

【tell 型】

▶ tell ＋人＋物 「人に物を伝える」	例 He told <u>her</u> <u>the truth</u>. （彼は彼女に真実を伝えた）
▶ tell ＋人＋ that ... 「人に…ということを伝える」	例 He told <u>her</u> <u>that he would quit the club</u>. （彼は彼女にクラブを辞めることを伝えた）

＊ tell 型の動詞は，伝達相手（人）を tell の直後に置きます。tell 型の動詞には，convince「納得させる」，notify「知らせる，通知する」，remind「思い出させる」，persuade「説得する」，warn「警告する」などがあります。

【explain 型】

▶ explain ＋物＋ to ＋人 「物を人に説明する」	例 He explained <u>the theory</u> to <u>her</u>. （彼はその説を彼女に説明した）
▶ explain to ＋人＋ that ... 「人に…と説明する」	例 He explained to <u>her</u> <u>that he would</u> <u>leave the city</u>. （彼は彼女にその街を出ることを説明した）

＊ explain 型の動詞は，伝達相手（人）の前に to を置きます。explain 型の動詞には，admit「認める」，complain「不満を言う」，confess「告白する」，mention「言及する」，propose「提案する」，suggest「提案する」などがあります。

要求・提案・命令の意味の動詞＋ that S ＋動詞の原形 *do* [should *do*]

要求・提案・命令の意味を含む動詞が that 節を目的語にとる場合，that 節内の V を動詞の原形 *do* や，should *do* の形にすることがあります。

> 例 She demanded that he <u>attend [should attend]</u> the meeting.
> （彼女は彼が会議に参加することを求めた）

このような要求・提案・命令の意味の動詞をまとめて見ておきましょう。

▶ ask「求める」 ▶ demand「要求する」 ▶ expect「求める」 ▶ insist「主張する」 ▶ order「命令する」 ▶ recommend「推奨する」 ▶ require「求める」 ▶ suggest「提案する」

同様の語法は,「...」の部分に,必要・重要の意味の形容詞を用いる It is ～ that ...の文(形式主語構文)においても見られ,that 節内の V を動詞の原形 *do* や, should *do* の形にすることがあります。

> **例** It is necessary that food <u>be [should be]</u> distributed equally.
> (食料は平等に分配される必要がある)

このような使い方をする必要・重要の意味の形容詞も確認しておきましょう。

> ▶ **advisable**「勧められる,賢明な」 ▶ **desirable**「望ましい」 ▶ **essential**「不可欠な,肝要な」
> ▶ **important**「重要な」 ▶ **necessary**「必要な」 ▶ **vital**「肝要な」

注意すべき他動詞と自動詞 ············

日本語で考えると後ろに前置詞が必要な自動詞のように見えるのに,実際は他動詞として使われる動詞があります。また,その逆に他動詞として使えそうに見えて,実は自動詞であるという動詞もあります。さらには,他動詞と自動詞で意味が異なる,他動詞と自動詞両方の使い方を覚えておくべき動詞もあります。いずれも入試では頻出ですから,例文とともに一気に確認しておきましょう。

【注意すべき他動詞】

▶ **answer O** 「O に答える」	**例** The student **answered** <u>a question</u>. (その学生は質問に答えた)
▶ **approach O** 「O に近づく」	**例** The typhoon is **approaching** <u>the Kyushu region</u>. (台風が九州地方に接近している)
▶ **discuss O** 「O について議論する」	**例** He **discussed** <u>the issue</u> with his colleague. (彼は同僚とその問題について議論した)
▶ **marry O** 「O と結婚する」	**例** Jackie **married** <u>Tim</u> at last. (ジャッキーはとうとうティムと結婚した)
▶ **mention O** 「O について言及する」	**例** The manager **mentioned** <u>that month's sales</u>. (経営者はその月の売り上げについて言及した)
▶ **oppose O** 「O に反対する」	**例** The residents **opposed** <u>the construction of the new amusement park</u>. (住民たちは新しい遊園地の建設に反対した)
▶ **reach O** 「O に到達する」	**例** They **reached** <u>a final conclusion</u>. (彼らは最終的な結論に到達した)
▶ **resemble O** 「O に似ている」	**例** The woman **resembles** <u>her mother</u>. (その女性は母親に似ている)

【注意すべき自動詞】

▶ **graduate from A** 「A を卒業する」	例 She graduated from high school last year. （彼女は昨年，高校を卒業した） ＊最近は，graduate college のような他動詞の使い方も見られるようになっています。
▶ **object to A** 「A に反対する」	例 They objected to the plan. （彼らはその計画に反対した）
▶ **return to A** 「A に戻る」	例 He returned to his hometown. （彼は故郷に帰った）

【他動詞と自動詞の両方を覚えておくべき動詞】

【他動詞】 ▶ **attend O** 「O に出席する」

例 She attended the online meeting.
（彼女はオンラインミーティングに出席した）

【自動詞】 ▶ **attend to A** 「A の世話をする，A に注意を払う」

例 Nightingale attended to the wounded people.
（ナイチンゲールはけがをした人々の世話をした）

【他動詞】 ▶ **communicate O** 「O を伝える」

例 She communicated the fact to him.
（彼女は事実を彼に伝えた）

【自動詞】 ▶ **communicate with A** 「A と意思疎通をする」

例 We can now communicate with people all over the world on the Internet.
（今や私たちは世界中の人々とインターネット上で意思疎通ができる）

【他動詞】 ▶ **search O (for A)** 「（A を求めて）O を探す」

例 He searched the room for the key.
（彼は鍵を求めて部屋中を探した）

＊O には場所が来ます。探しているものは for ... で表します。

【自動詞】 ▶ **search for A** 「A を探す」

例 He searched for the key.
（彼は鍵を探した）

自動詞と他動詞の区別がまぎらわしい動詞

似たような意味で，自動詞と他動詞の区別がまぎらわしい動詞があります。活用形と意味を押さえておきましょう。

【自動詞 lie と他動詞 lay】

No.045

【自動詞】 ▶ lie 「ある，いる，横になる」	活用形は【lie － lay － lain】 例 She lay on the bed. 　（彼女はベッドに横になった） *なお，「うそをつく」という意味の自動詞 lie もあり，lie － lied － lied と活用します。 例 They lied to me. 　（彼らは私にうそをついた）
【他動詞】 ▶ lay 「置く，（卵を）産む，横にする」	活用形は【lay － laid － laid】 例 He laid his hat on the table. 　（彼は帽子をテーブルに置いた） 例 Sunfish lay a lot of eggs at one time. 　（マンボウは一度にたくさんの卵を産む）

【自動詞 rise と他動詞 raise】

No.046

【自動詞】 ▶ rise 「生じる，上がる」	活用形は【rise － rose － risen】 例 The river level rose by one meter. 　（川の水位が1メートル上がった）
【他動詞】 ▶ raise 「育てる，上げる」	活用形は【raise － raised － raised】 例 They raised their hands. 　（彼らは手を挙げた）

使い方の違いを覚えておくべき動詞 ....

日本語では「借りる」という一言で，「本」を借りることも「電話」を借りることも表現することができます。また，「有償で」借りる場合もあれば「無償で」借りる場合もあるでしょう。しかし，英語では「何を借りる」のか，「どういう借り方なのか」によって，使われる動詞が異なります。このように，使い分けが重要な動詞について，特に重要なものをまとめました。例文で具体的な使い方を確認しながら覚えていきましょう。

（1）「合う」

No.047

▶ **suit O**「（服装・色などが）O（人・物など）に合う」

例 Blue suits her well.
（青が彼女によく似合う）

▶ **match O**「（物が）O（物）と調和する［似合う］」

例 This tie will match your new shirt.
（このネクタイはあなたの新しいシャツと合うだろう）

▶ **go with A**「Aと調和する」

例 Japanese *sake* generally goes with fish.
（日本酒は一般的に魚と合う）

▶ **fit O**「（衣服などが）O（人・物）に（大きさ・型が）合う」

例 These new shoes didn't fit me.
（この新しい靴は私にはサイズが合わなかった）

▶ **agree with A**「（食物・気候・仕事などが）Aの（好み・体質）に合う」
＊否定文で使います。

例 The cold climate doesn't agree with me.
（寒い気候は私に合わない）

（2）「疑う」

No.048

▶ **doubt that S V ...**「…でないと思う」

例 I doubt that he is honest. ≒ I don't think that he is honest.
（私は，彼は正直ではないと思う）

▶ **suspect that S V ...**「…ではないかと思う」

例 I suspect that he is honest. ≒ I think that he is honest.
（私は，彼は正直なのではないかと思う）

283

（3）「かく」

> ▶ **draw O**「O（図形など）を描く」

＊ペンや鉛筆などで描くときに使います。

例 She **drew** the cat on the paper.

（彼女はそのネコを紙に描いた）

> ▶ **paint O**「O（絵・人・物など）を絵の具で描く」

＊絵の具で描くときに使います。

例 He **painted** a picture of his dog in watercolors.

（彼は水彩で彼の犬の絵を描いた）

> ▶ **write O**「O（字・名前・文書など）を書く」

例 She **wrote** a long letter by hand.

（彼女は長い手紙を手書きで書いた）

（4）「思いつく」

> ▶ **came up with A**「A を思いつく」

例 She **came up with** a solution to the problem.

（彼女はその問題の解決策を思いついた）

> ▶ **hit [strike] on A**「A を思いつく」

例 He **hit on** a great idea.

（彼は素晴らしい考えを思いついた）

> ▶ **occur to A**「（考えなどが）A（の心）に浮かぶ［思い出される］」

例 Suddenly, a thought **occurred to** me.

（突然，ある考えが心に浮かんだ）

例 It never **occurred to** him that he would be involved in an accident.

（彼は事故に巻き込まれるなんて思いもしなかった）

> ▶ **strike O**「（考えなどが）O（人）の心に浮かぶ」

例 A good idea **struck** him.

（よいアイデアが彼の心に浮かんだ）

（5）「貸す」「借りる」

> ▶ **borrow O**「O（物）を（無償で）借りる」
>
> 例 She **borrowed** a book from the library.
>
> （彼女は図書館で本を借りた）

> ▶ **lend O₁ O₂**「O₁（人）に O₂（物・お金）を貸す」／ **lend O to A**「O を A に貸す」
>
> 例 He **lent** me some money. ≒ He **lent** some money **to** me.
>
> （彼は私にお金を貸してくれた）

> ▶ **use O**「O（電話やトイレなどその場で使うもの）を借りる」
>
> 例 Can I **use** the bathroom?
>
> （トイレをお借りできますか）

> ▶ **owe O₁ O₂**「O₁（人・店など）に O₂（お金）を借りている」／ **owe O to A**「O（お金）を A（人・店など）に借りる」
>
> 例 He **owes** his mother 10,000 yen. ≒ He **owes** 10,000 yen **to** his mother.
>
> （彼は母親に 10,000 円を借りている）

> ▶ **rent O**「O（家・土地など）を賃貸する，賃借する」
>
> 例 He **rented** a house to the family.
>
> （彼はその家族に家を貸した）
>
> 例 He **rented** a house from the company.
>
> （彼はその会社から家を借りた）

スマホで音声をダウンロードする場合

abceed
AI英語教材エービーシード

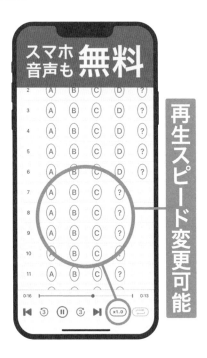

ご利用の場合は、下記のQRコードまたはURLより
スマホにアプリをダウンロードしてください。

https://www.abceed.com
abceedは株式会社Globeeの商品です。

本文デザイン／ワーク・ワンダース
音声収録／ELEC
音声出演／Jennifer Okano，水月優希

宮下　卓也（みやした　たくや）

河合塾講師、東京大学卒業。高校1年〜既卒生までを対象に基礎クラスから最難関クラスまで幅広く指導するほか、講座テキストなどの教材制作にも力を入れ、全統記述模試制作チームではチーフを務める。構文を重視した論理的な授業は、「とにかくわかりやすい」「実際に成績が上がる」と評判で、毎年数多くの受験生を合格に導いている。『単語を覚えたのに読めない人のための英文読解のオキテ55』（KADOKAWA）、『英語長文プラス　速読トレーニング問題集』『英語長文プラス　記述式トレーニング問題集』『英語長文プラス　頻出テーマ10トレーニング問題集』（旺文社）、『英作文FIRST PIECE』『読み方と解き方がはじめからわかる16のレッスン　英語リーディングRe：BOOT』『聞き方と解き方がはじめからわかる10のレッスン　英語リスニングRe：BOOT』（Gakken）、『大学入試 英文法Eureka!』（かんき出版）など著書多数。

だいがくにゅうし　みやしたたくや
大学入試　宮下卓也の
えいぶんぽう　ごほうもんだい　おもしろ　　と　　ほん
英文法・語法問題が面白いほど解ける本

2023年11月29日　初版発行

みやした　たくや
著者／宮下　卓也

発行者／山下　直久

発行／株式会社KADOKAWA
〒102-8177　東京都千代田区富士見2-13-3
電話　0570-002-301（ナビダイヤル）

印刷所／株式会社加藤文明社印刷所

製本所／株式会社加藤文明社印刷所

●お問い合わせ
https://www.kadokawa.co.jp/（「お問い合わせ」へお進みください）
※内容によっては、お答えできない場合があります。
※サポートは日本国内のみとさせていただきます。
※Japanese text only

定価はカバーに表示してあります。

©Takuya Miyashita 2023　Printed in Japan
ISBN 978-4-04-605520-0　C7082